रज़ा पुस्तक माला

धूल की जगह

कविता-संग्रह

रज़ा फ़ाउण्डेशन | THE RAZA FOUNDATION

धूल की जगह

महेश वर्मा

राजकमल प्रकाशन

रज़ा पुस्तक माला : कविता
प्रधान सम्पादक : अशोक वाजपेयी | सम्पादक : पीयूष दईया
राजकमल प्रकाशन प्रा.लि. और रज़ा फ़ाउण्डेशन का सह-प्रकाशन

ISBN : 978-81-267-3086-5

मूल्य : ₹299

पहला संस्करण : 2018

प्रकाशक : राजकमल प्रकाशन प्रा. लि.
1-बी, नेताजी सुभाष मार्ग, दरियागंज
नई दिल्ली-110 002

शाखाएँ : अशोक राजपथ, साइंस कॉलेज के सामने, पटना-800 006
पहली मंजिल, दरबारी बिल्डिंग, महात्मा गांधी मार्ग, इलाहाबाद-211 001
36 ए, शेक्सपियर सरणी, कोलकाता-700 017

वेबसाइट : www.rajkamalprakashan.com
ई-मेल : info@rajkamalprakashan.com

मुद्रक : यश प्रिंटोग्राफिक्स
नोएडा-201301 (उत्तर प्रदेश)

DHOOL KI JAGAH
(Poems) by Mahesh Verma

गिरिराज किराड़ू और चन्दन पाण्डेय के लिए

आमुख

कलाओं में भारतीय आधुनिकता के एक मूर्धन्य सैयद हैदर रज़ा एक अथक और अनोखे चित्रकार तो थे ही उनकी अन्य कलाओं में भी गहरी दिलचस्पी थी। विशेषतः कविता और विचार में। वे हिन्दी को अपनी मातृभाषा मानते थे और हालाँकि उनका फ्रेंच और अँग्रेज़ी का ज्ञान और उन पर अधिकार गहरा था, वे, फ्रांस में साठ वर्ष बिताने के बाद भी, हिन्दी में रमे रहे। यह आकस्मिक नहीं है कि अपने कला-जीवन के उत्तरार्द्ध में उनके सभी चित्रों के शीर्षक हिन्दी में होते थे। वे संसार के श्रेष्ठ चित्रकारों में, २०-२१वीं सदियों में, शायद अकेले हैं जिन्होंने अपने सौ से अधिक चित्रों में देवनागरी में संस्कृत, हिन्दी और उर्दू कविता में पंक्तियाँ अंकित कीं। बरसों तक मैं जब उनके साथ कुछ समय पेरिस में बिताने जाता था तो उनके इसरार पर अपने साथ नवप्रकाशित हिन्दी कविता की पुस्तकें ले जाता था : उनके पुस्तक-संग्रह में, जो अब दिल्ली स्थित रज़ा अभिलेखागार का एक हिस्सा है, हिन्दी कविता का एक बड़ा संग्रह शामिल था।

रज़ा की एक चिन्ता यह भी थी कि हिन्दी में कई विषयों में अच्छी पुस्तकों की कमी है। विशेषतः कलाओं और विचार आदि को लेकर। वे चाहते थे कि हमें कुछ पहल करना चाहिये। २०१६ में साढ़े चौरानवे वर्ष की आयु में उनकी मृत्यु के बाद रज़ा फ़ाउण्डेशन ने उनकी इच्छा का सम्मान करते हुए हिन्दी में कुछ नये क़िस्म की पुस्तकें प्रकाशित करने की पहल *रज़ा पुस्तक माला* के रूप में की है, जिनमें कुछ अप्राप्य पूर्व प्रकाशित पुस्तकों का पुनर्प्रकाशन भी शामिल है। उनमें गांधी, संस्कृति-

चिन्तन, संवाद, भारतीय भाषाओं से विशेषतः कला-चिन्तन के हिन्दी अनुवाद, कविता आदि की पुस्तकें शामिल की जा रही हैं। सभी पुस्तकों पर रज़ा साहब और उनके समकालीन मित्र चित्रकारों आदि की प्रतिकृतियाँ आवरणों पर होंगी।

महेश वर्मा महत्त्वपूर्ण युवा कवि हैं जो एक अपेक्षाकृत पिछड़े इलाके में रह कर भी अपनी कहनी-करनी में अग्रगामी हैं। उनके यहाँ निजी और सामाजिक के बीच इधर बढ़ती दूरी से अलग छिटक कर उन्हें निरन्तरता में देखने की कोशिश है। वे भाषा और जीवन में बार-बार अपनी कविता गढ़ते हैं जो उनकी कविता में मानवीयता का इज़ाफ़ा करती है और उसकी प्रासंगिकता बनाये रखती है।

अशोक वाजपेयी
अगस्त २०१७, नयी दिल्ली

क्रम

आमुख : अशोक वाजपेयी

पिता बारिश में आएँगे १३
इतिवृत्त १४
ऐसे ही वसंत में चला जाऊँगा १५
पुराना घर १६
धूल की जगह १८
अगर यह हत्या थी १९
प्रेमी ज़मीन से २०
पुकारू नाम २१
हरा रंग २२
भाषा २३
जैसे कि जीवद्रव्य २४
फूल २५
इस तस्वीर में मैं भी हूँ २६
सुन्दरता २८
पुराना दिन ३०
चेहरा ३१
अन्तिम रात ३३
आओ ३५

३६ लाओ
३८ हिसाब
३९ तुम्हारी बात
४० रविवार
४१ रात
४२ कमीज़
४३ कुछ नहीं
४५ मेरे पास
४७ घर
४८ पुराना पेड़
४९ पूर्वकथन
५१ पूर्वज कवि
५२ ढूँढना-पाना
५३ क़िस्सा
५५ चंदिया स्टेशन की सुराहियाँ प्रसिद्ध हैं
५६ आदिवासी औरत रोती है
५७ वक्तव्य

हाथ	५८	८३	स्ट्रगल कर रहे कलाकार का कमरा
सेब	५९		
बारिश	६०	८४	नीला छाता
दीवारें	६१	८५	बोलो
किससे छूट गया	६२	८६	हँसी
चढ़ आया है पानी	६३	८७	अनुवाद
एक जगह	६४	८८	उन दिनों–१
फिर लौटकर	६५	८९	उन दिनों–२
कुर्सी	६६	९०	बाहर
शायद	६७	९१	पानी
रात	६८	९२	शोक–१
मक्खियाँ	६९	९३	शोक–२
राख	७०	९४	पहचान
जनदर्शन	७१	९५	बर्फ़घर
शेर दागना	७२	९६	सामाजिक
मछलियाँ	७३	९७	लौटने के सन्दर्भ में
मलेरिया	७४	९८	शू तिंग
कल्पनाहीनता	७५	९९	लोहा और समुद्र
विवाह	७६	१००	कुछ भी
साथ	७७	१०१	शब्दशः
कुत्ते को	७८	१०२	इस समय
नीला	७९	१०३	कारण
पुराना	८०	१०४	उदाहरण
गुस्सा	८१	१०५	होली
दाहिने हाथ का अँगूठा	८२	१०६	बुझे हुए सब तारे

दरख़्त	१०७	१२९	जल
हमारे कवि	१०८	१३०	प्रिया मैं
सुखान्त	१०९	१३१	सुराख़
काष्ठशिल्प	११०	१३२	कन्हर नदी
नसीहत	१११	१३३	प्रारूप चार
गाँठ खोलो	११३	१३४	नवनीता देवसेन
तीन का महत्त्व	११५	१३५	संजय साइकल स्टोर्स
स्वीकार	११७	१३६	आईना
तीन हरारतें	११९	१३७	रक़ीब
अन्त की ओर से	१२१	१४०	जाना
सितारा डूबने दो	१२३	१४२	याद दिलाना
अनुकूल	१२४	१४३	शाम
पीछे	१२५	१४४	गया साल
जलती टहनी	१२६	१४५	२५ दिसम्बर
वृक्ष देवता	१२८	१४७	३१ दिसम्बर

पिता बारिश में आएँगे

रात में जब बारिश हो रही होगी वे आएँगे
टार्च से छप्पर के टपकने की जगहों को देखेंगे और
अपनी छड़ी से खपरैल को हिलाकर थोड़ी देर को
टपकना रोक देंगे

ओरी से गिरते पानी के नीचे बर्तन रखने को हम अपने बचपन में दौड़ पड़ेंगे

पुराना घर तोड़कर लेकिन पक्की छत बनाई जा चुकी
हमारे बच्चे खपरैल की बनावट भूल जाएँगे

पिता को मालूम होगी एक-एक शहतीर की उम्र
वे चुपचाप हिसाब जोड़ लेंगे मरम्मत का
वह बारिश की क़ीमत होगी जो हमारी ओर से चुपचाप वे चुकाएँगे

उनका छाता, रेनकोट और बरसाती जूता
छूने की अब भी हमारी हिम्मत नहीं है
न उनके जैसा डील किसी भाई को मिला है

माँ उस सूखे रेनकोट को छू रही है
पिता आएँगे।

इतिवृत्त

घोड़े की पीठ पर सो लेते थे बाबा
एक बार ऐसे ही पार कर गए थे
पारिवारिक किंवदन्ती की नदी
घोड़े की पीठ पर सोते-सोते

पुजारी पिता भोर में नहीं उठ पाते थे जिस रोज़
देवी के स्वप्न से उठते थे हड़बड़ाए
देवी ने लात मारकर जगाया कहते फिर
उस पदाघात को प्रणाम करते अमूर्त दिशा में

चाचा को बस में बैठते ही नींद आ जाती थी
चौंक-चौंक उठते थे सपने की दुर्घटना में
थोड़ी देर में पहचानते थे अपना आसपास

माँ गुड़ीमुड़ी होकर सो रही है रसोई के ही फ़र्श पर
कभी सोती है पूजाघर में
भाई सपने में अक्सर डाँटता है किसी को
पहले कहाँ सोता था मेरे पेट पर घुटना दिए बग़ैर
कहानी या अपने रुदन के विस्तार में ही सोता है मेरा बेटा

अधूरे कामों के टुकड़ा वाक्यों में डूब रही है पत्नी
अपनी थकन में सोने से पहले
ऐसे में क्या कहा जा सकता है अपने सोने-जागने के बारे में

ऐसे ही वसंत में चला जाऊँगा

ऐसे ही वसंत में चला जाऊँगा,
इन्हीं फटेहाल कपड़ों में जूतों की कीचड़ समेत।
परागकणों की धूल में नथुनों की सुरसुराहट रोकता
ढूँढ़ने लगूँगा कोई रंग
वहाँ ख़ूब पीला नहीं दिखेगा तो
निराश जूते पर
जमी धूल पर
पीला लिखने के लिए झुकूँगा
रुक जाऊँगा।

किसी उदास वृक्ष की तरह ऐसे ही झुका रहूँगा
किसी दूसरे मौसम में सर उठाऊँगा

कोई पत्ता उठाऊँगा आगे की लू भरी दोपहरों से
धूप के दरवाज़े में भी ऐसे ही घुस जाऊँगा

कुछ भी नहीं बदलूँगा कुछ बदलेगी
तो कन्धों पर गिरती बारिश ही बदलेगी

बारिश से बाहर कभी नहीं आऊँगा।

पुराना घर

बुढ़ापे के दाँतों की तरह
बाहर को झर जाएँगी खिड़कियाँ बेशर्म पर्दों समेत
तब धूप की खिन्न हँसी
और कमरे का रहस्य एकसार हो जाएँगे

गली की धूल और फ़र्श की धूल का बहिनापा
किरकिराएगा पुराने जूते के नीचे और
एक फटेहाल कम्बल नींद के रूपक से बाहर गिर जाएगा

सबसे पुराना चूहा
सीढ़ियाँ उतरते निराश पूर्वजों की नकल करने के चक्कर में
नाली से बाहर गिर जाएगा

ज़मीन पर गिरकर
फूट जाने से पहले
हवा में हो चुका है वीतराग
लगातार कुछ रफ़ू करती उदास औरतें
फटे हुए चादर और कुरते में प्रतीक्षा का पैबन्द लगाती
बैठे-बैठे सो जाएँगी तब उनकी नींद की सीलन में उगने वाली काई
धीरे से दीवारों पर, शाम पर फैल जाएगी

पुराने घर की शाम जैसे गुड़ की चाय
और लैम्प की कालिख पर बनाया रेखाचित्र।

धूल की जगह

किसी चीज़ को रखने की जगह बनाते ही धूल
की जगह भी बन जाती, शयन कक्ष का पलंग
लगते ही उसके नीचे सोने लगी थी मृत्यु की
बिल्ली, हम आदतें थे एक दूसरे की और वस्तुएँ
थे वस्तुओं के साथ अपने रिश्ते में।

कितना भयावह है सोचना कि एक वाक्य
अपने सरलतम रूप में भी कभी समझा नहीं
जा पाएगा पूर्णता में, हम अजनबी थे अपनी
भाषा में, अपने गूंगेपन में रुंधे गले का रूपक
यह संसार।

कुछ आहटें बाहर की कुछ यातना के चित्र ठण्ड में
पहनने के ढेर सारे कोट और कई जोड़े जूते हमारे
पुरानेपन के गवाह जहाँ मालूम था कि धूप
आने पर क्या फैलाना है, क्या समेट लेना है
बारिश में।

कोई गीत था तो यहीं था।

अगर यह हत्या थी

वह इतनी सरल बात थी कहने में
कि मुझे भाषा की शर्म थी उसे लिखने में
वह पानी थी अपनी सरलता में
और हवा थी अपनी पुकार में, साफ़दिली में
इसके रेशे सुलझे हुए थे
होने के कारण भी साफ़ थे

अगर दुःख थी यह बात तो
यह संसार के सबसे सरल आदमी का दुःख था
यह भूख थी अगर तो उन लोगों की थी
जो मिट्टी के बिस्कुट गढ़कर दे रहे थे अपने बच्चों को
जो बीच-बीच में देख लेते थे आकाश

अगर यह हत्या थी
तो यह एक आदिवासी की हत्या थी।

प्रेमी ज़मीन से

प्रेमी ज़मीन से कुछ भी उठा सकते हैं, एक बटन,
कंघी का टुकड़ा या चमकीली पन्नी, अचेतन में
वे इन सबके ग़ैर पारम्परिक उपयोगों के बारे में सोचते हों।

वे उठा सकते हैं एक टूटी हुई सीप का टुकड़ा और समुद्र
एक टुकड़ा उनकी उँगलियों के बीच आ जाता है उनकी उदास
आँखों में हैरत से देखता।

चूड़ी का एक टुकड़ा उठाते वे वास्तव में इन्द्रधनुष
का लाल रंग ज़मीन से उठा रहे थे कि आज
दोपहर भी सर्वांग सुन्दर दिखाई पड़े आकाश का इन्द्रधनुष।

एक रंगीन काग़ज़ उनकी उँगलियों के बीच कभी जानवर कभी
बन्दूक कभी नाव बनता, फिर काग़ज़ हो जाता किसी को मालूम नहीं
यह खेल ही बना रहा आकाश, जल और भविष्य इस संसार का।

इसी धूल से उन्हें बनाना है भविष्य के पर्वतों का शिल्प
धूल जो उड़ा कर देख रहे हैं हवा का रुख़ इतनी देर से।

धातु का एक अमूर्त टुकड़ा ज़मीन से उठाएँगे एक रोज़
और किसी के हाथ देकर थमा देंगे सम्राट होने का अभिशाप।

पुकारू नाम

पुकारू नाम एक बेढंगा पत्थर है
एक अनजान पक्षी का पंख, बेक़ीमत का मोती
बचपन के अकारण बक्से में सँभाल कर रखा हुआ।

इसे जानने वाले सिर्फ़ तेरह बचे संसार में
सबसे ज़ोर से पुकारकर कहीं से भी बुला लेने वाले पिता
नहीं रहे पिछली गर्मियों में
कभी उन्हीं गर्मियों की धूप पुकारती है पिता की आवाज़ में
घर लौट जाओ बाहर बहुत धूप है
धूप से आगाह करती धूप की आवाज़।

पुकारू नाम बचपन की बारिश का पानी है
जिसे बहुत साल के बाद मिलने वाला दोस्त उलीच देता है सिर पर
और कहता है बूढ़े हो रहे हो
मैं उसके बचपन का नाम भूल चुका प्रेत हूँ
मैं उसके सिर पर रेत डाल देता हूँ कि तुम अब भी वैसे ही हो
जवान और ख़ूबसूरत।

हम विदा के सफ़ेद फूल एक दूसरे को भेंट करने का मौक़ा ढूँढ़ रहे हैं
एक पुरानी उदासी का पुकारू नाम हमारी भाषा में गूँजने लगता है।

हरा रंग

हमने साझा कमज़ोरियों पर देर तक बात की,
अपना चिरा हुआ वक्ष लेकर हम आमने–सामने बैठे रहे देर तक,
मैंने उसके कठोर हृदय की शिकायत की
जो मेरे दुःख समझने से इनकार करता आया है
उसकी शिकायत शायद मेरी भाषा को लेकर थी।

बीच में हम अटपटेपन के कारण एक दूसरे की बात समझ नहीं पाते थे।
तो भी मैं कहूँगा बातचीत विद्वेष पर ख़त्म नहीं हुई हमने शायद सब
कुछ समय पर छोड़ने का निश्चय किया
शायद अफ़सोस में हाथ मिलाए च् की आवाज़ की।
जब मेरी कविता जाने को उठी तब मैंने उसके लबादे पर ध्यान दिया
उस पर अलंकारपूर्ण ढंग से कढ़ाई की गई थी
उसमें कीड़ों ने बारीक छेद कर दिए थे।

वह जैसे सफ़ेद काग़ज़ के मैदान पर चलकर अँधेरे में खो गई

बीच में मुड़कर जब उसने मुझे देखा तो
मैंने खिड़की से
अपना हरा हाथ हिलाया।

भाषा

इस विशाल पुल के पायों के नीचे भी
नरबलि की किंवदन्तियाँ दबी हैं

ऊपर शान्त बह रहे मटमैले पानी के
नीचे बह चुका है लाल रक्त

यह ट्रक के गुज़रने से थरथराया है पुल
या अनुष्ठानिक शब्दों के अनुनाद से हिल गया है
इसका आन्तरिक

जो शब्द हत्या को वैध बनाते थे
वे आज भी हमारी भाषा में गूँज रहे हैं

जैसे कि एक नृशंस हत्या हुई थी को
ऐसे याद रखना कि यहीं पर एक
बलि दी गई थी।

जैसे कि जीवद्रव्य

अपनी उँगलियों से मेरी हथेली पर लिखे वह शब्द
कोई नाम लिखो
फिर मुझे एक कूटशब्द लिखने दो अपने हाथ पर
या पीठ पर
कहीं भी
फिर एक चुम्बन लिखो एकाकी चाँद पर ताकि मैं
फिर से उसी जगह पर उन्हीं अक्षरों पर दोहराकर लिख
सकूँ अपना चुम्बन

आकाश कहाँ लिखा है ?
मेरे या कि तुम्हारे वक्ष पर ?
अब इस आकाश पर एक सूर्य लिखो
अनगिनत तारे, बादल और हवा लिखो
और मुझे आँकने दो अपने हिस्से की आकाश गंगा

फिर मेरे माथे पर अपना भाग्य लिखो
मैं तुम्हारे माथे पर पढ़ूँगा अपना भाग्य
लेकिन सबसे पहले मेरे लिए एक जीवन लिखो,
शुरुआत में मेरी पहली कोशिका लिखो
और इसमें तीर से
महत्त्वपूर्ण हिस्सों को नामांकित करो : जैसे कि जीवद्रव्य।

फूल

वसंत से एक पीला फूल तोड़कर मैंने
अगले मौसमों के लिए रख लिया
जहाँ किताब में था वहाँ एक पीला धब्बा छोड़कर
वह सूर्य हुआ

इसी तरह उड़हुल का सुर्ख़ फूल
वर्षा से तोड़कर रख लिया शिशिर के लिए
पहले इससे मौसम का सीना दहका
फिर वह भी सूर्य हुआ

एक और मौसम का अनुभव भी मिलता-जुलता ही है
बस फ़र्क़ ये कि यहाँ एक सफ़ेद फूल था

रंगों से अधिक
सूरज का नाता फूलों से है

इसी से

रात में फूल उदास दिखते हैं।

इस तस्वीर में मैं भी हूँ

इस तस्वीर में बीस साल से
उस आदमी की ईर्ष्या जस की तस है जो तस्वीर उतरवाते मुस्कुराते
लोगों के मुस्कुराते समूह के पीछे से उन्हें देखता गुज़र रहा है
बीस वर्षों के पीलेपन ने इस दृश्य में थोड़ी भव्यता लेकिन जोड़ दी है।

बीस साल से लुढ़के हुए गुलदान से गिरे पानी से कालीन
बीस साल से गीला है
किसी की बात ख़त्म होने की प्रतीक्षा में
अपनी जमुहाई से टक्कर लेती लड़की का धैर्य
बीस साल से अडिग है।

बीस साल से घड़ी उतना ही बजा रही है
उतना ही चमक रहा है फ़र्नीचर

ईर्ष्या से देखता आदमी शायद उतना ईर्ष्यालु न रहा हो जितना
बारिश के देर से रुकने या छतरी के खो जाने ने
उसे चिड़चिड़ा बना दिया है, कोई उसका रक़ीब न रहा हो
तस्वीर खिंचाते लोगों में।

कुछ अनुमान और हम लगा सकते हैं कि इस तस्वीर के
बीस ही सेकेंड के बाद गुलदान को उठा लिया गया था
इसे चोरबाज़ार में गलाया नहीं जा चुका,

यह अब भी उसी घर में चमक रहा है,
इसे चमकाए रखने वाली बूढ़ी नौकरानी अलबत्ता
पिछले बरस मर गई सर्दियों में।

कालीन अब भी किसी ख़ानदानी रईस के घर में है
वे इसे पुराने सामानों के बाज़ार से पुरानी इज़्ज़त की तरह
घर ले गए थे धुंधलके में।

घड़ी का कोई सुराग नहीं मिलता न उस समय का
जो इसमें ठहरा हुआ था।

इस तस्वीर के एक आदमी की तबीयत ख़राब रहती है
दो मर चुके, एक अब भी वैसे ही शराब पी रहा है बदस्तूर
एक अब कम चिड़चिड़ा रह गया है

एक अब भी नहीं सीख पाया है कविता लिखना।

सुन्दरता

कोई चीज़ सुन्दर और विश्वसनीय नहीं है पूरे तौर पर
उदाहरण के लिए कुंज में
उस वृक्ष के पीछे एक दूसरे को चूमते हुए प्रेमी

वे भी पूरा विश्वास नहीं कर पा रहे एक दूसरे पर
साँसों में आपेक्षित सुगन्ध होने न होने की शंका में
उनका अस्तित्व घुल नहीं पा रहा आपस में
कि पता नहीं दूसरे ने क्या सोचा होगा इस अनगढ़ता को—
फूहड़ता या उत्कण्ठा का उत्कर्ष!

कोई फूल
कोई शहादत
वे बर्फ़ीली चोटियाँ
वह संगीत
हम इनके नज़दीक जाएँगे और इनका कोलाहल
इसकी अश्लीलता,
इसका क्षरण और बेतुका रंग—सामने
आएगा और निराश कर देगा।

वह भोलापन जो विश्वास करता है और सलोना है
वह भी अविश्वसनीय हो सकता है—सहज अभिनेत्रियों से भरे इस संसार में

उस सलोनेपन के धब्बे आत्मा की जीर्ण देह पर देखे जाएँ बाद के
किसी वर्ष।

सूर्यास्त भी विश्वसनीय नहीं है आकाश में
उसका सुबह का आश्वासन भी मारा जा सकता है
अन्तरिक्ष या मनुष्य की सनक में।

यह हवा क्या सिर्फ़ जीवन लेकर आई है और कुछ भी नहीं?

यह सुन्दर बच्चा, यह पानी,
यह स्थापत्य और यह भाषा
इनके हर विचार में अधूरेपन की जगहें हैं
जहाँ से ठण्डी हवा सरसराती गुजर रही है।

पुराना दिन

तुम वहाँ कैसे हो गुज़रे हुए दिन और साल?
यह पूछते हुए पुरानी एलबम के भुरभुरे पन्ने नहीं पलट रहा हूँ।

तुम्हारी आवाज़ आज के नए घर में गूँजती है
और हमारी आज की भाषा को बदल देती है

एक समकालीन वाक्य उतना भी तो समकालीन नहीं है
वह पुरानी लय का विस्तार है
और इतिहास की शिराओं का हमारी ओर खुलता घाव

वह तुम्हारे विचारों का निष्कर्ष है हमारी आज की मौलिकता
पुराने आँसुओं का नमक आज की हँसी का सौन्दर्य

मरा नहीं है वह कोई भी पुराना दिन
राख, धूल और कुहासे के नीचे वह प्रतीक्षा की धड़कन है
गवाही के दिन वह उठ खड़ा होगा
और ख़िलाफ़ गवाही के दस्तावेज़ के नीचे दस्तख़त करेगा।

चेहरा

पता नहीं तुम कितने अन्तिम संस्कारों में शामिल हुए
कितनी लाशें देखीं लेकिन फिर ज़ोर देता हूँ इस पर
कि मृत्यु इंसान का चेहरा अप्रतिम रूप से बदल देती है
यह मुखमुद्रा तुमने इसके जीते जी कभी नहीं देखी थी
यह अपने मन का रहस्य लेकर जा रहा है और निश्चय ही नहीं लौटेगा
पता नहीं क्या करता इसका अगर कुछ और दिन रुकता कि
कौन-सा स्पर्श उसकी त्वचा में सिहरन भर देता था और उसकी साँसों
में आग
कौन सी याद उसकी आत्मा को भर देती थी ख़ालीपन से
किन कंदराओं से आता था उसका वीतराग मौन और उसकी धूल भरी
आवाज़ यह उसका विनोद है, उसका असमंजस उसकी पीड़ा
है और उसका पापबोध
जो उस रहस्य से जुड़ा है निश्चय ही—जिसे लेकर जा रहा है
या उसका क्षमाभाव है
और बदला न ले पाने को ऐंठती उसकी आत्मा की प्रतिछवि है
उसके चेहरे पर
जो उसे बनाती है अभेद्य और अनिर्वचनीय
एक प्रेमनिवेदन जो किया नहीं गया
एक हत्यारी इच्छा, हिंसात्मक वासना
मौक़ा, चूकी दयालुताएँ और प्रतिउत्तर के वाक्य
ये उसकी आत्मा की बेचैन तहों में सोते थे आज तक
अब इन्हें एक अँधेरे बक्से में रख दिया जाएगा।

प्रार्थना का कोई भी सफ़ेद फूल,
करुणा का कोई भी वाक्य इन तक नहीं पहुँच पाएगा
और तुम्हें यह तो मानना ही होगा कि
तुम्हारी काव्यात्मक उदासी से बड़ी चीज़ थी
उसके मन का रहस्य

बाक़ी संसार आज उससे छोटा ही रहेगा।

अन्तिम रात

अन्तिम वाक्य बोला जा चुका
अन्तिम प्रश्न के अन्तिम उत्तर में

आख़िरी दरवाज़ा बन्द हो चुका

उधार की शराब और उधार की रात के लिए ये शहर जैसे है ही नहीं
इतना ज़्यादा नहीं है यह शहर
कि अन्तिम सीढ़ियाँ जो मैं उतर रहा हूँ के बाहर
कोई पृथ्वी नहीं होगी पाँव रखने को
अँधेरे की गहराई होगी बाहर उसके अतल में गिरने को

घटिया टाकीज़ के अन्तिम शो के घटिया दृश्य में
गिरते हुए चीख़ने की आवाज़ मद्धम पड़ती हुई अस्त हो रही
मध्यान्तर रात का है

अन्तिम सपनों के बदले मिली अन्तिम लकड़ियों की
अन्तिम राख को अन्तिम हवा उड़ा के ले जा चुकी

सपने दर्ज करने का काग़ज़ सट्टा पट्टी लिखने के लिए दे चुके बहुत पहले ही

मैं बराबर तेरह के अंक पर दाँव लगाता था
वहाँ तो मेरी नास्तिकता ने भी साथ नहीं दिया कहते–कहते

पागल होने वाला मेरा दोस्त ज़मीन पर कोयले से लिख देता है
१३ हिन्दी अंकों में
इस तरह कि तीन की पूँछ लहराकर घूमती हुई, सूर्य को सही दिशा
बता देती है
पागल तो वह भी हुआ जो अपना नम्बर तोते से पूछता था, फिर
तोता किताब से

ना नौ, न सात, न तेरह, न तीन
धार्मिक भी मारे गए अधार्मिक भी

अन्तिम सन्दूक समुद्र में फेंका जा चुका जिसमें अन्तिम किताबें थीं

आख़िरी सिक्के के बदले मिला नमक का अन्तिम कण
आँसुओं के नमक से महँगा है, इसके बाद नमक
सिर्फ़ ज़िन्दगी के बदले मिलेगा प्राचीन तुला पर तौलकर।

अन्तिम स्मारक ढहाया जा चुका इतिहास का
मिथक के अन्तिम नायक का देवालय गढ़ रहा शिल्पी
मरकर किसी पत्थर पर ढह चुका है।

आओ

कोई दिन ऐसा नहीं आएगा जिसकी धूप
आज की धूप में शामिल नहीं है
आने वाले दिनों की हवा कुछ इस हवा में भी है
कुछ इस धूल में अगले बरस की धूल
ऐसे ही घण्टे का अनुरणन*
इसमें आगे की आराधनाओं की भी ध्वनियाँ हैं
कि कोई किसी भविष्य के मन्दिर में प्रवेश करेगा।

आज की सुबह में भविष्य के पक्षी चहचहा रहे हैं
इस इस्तिरी की हुई कमीज़ में भविष्य की कलफ है
आज का भोजन करके आचार्य भविष्य की सींक से निकाल रहे हैं
दाँतों में फँसा दाना।

इसी चाँद के पास है भविष्य के प्रेमियों का उन्माद
इसी समुद्र के पास भविष्य की गर्जना है और भविष्य का नमक
यह पर्वत बहुत दिनों तक भविष्य का भी पर्वत रहेगा
हस्तरेखाशास्त्री की हथेली पर नहीं आज की ज़मीन पर।

भविष्य की ध्वनियाँ और चित्र
इस कविता में आओ।

---

* घण्टे का अनुरणन, महाकवि विनोद कुमार शुक्ल की पंक्ति है, उनसे क्षमापूर्वक।

लाओ

कोई चीज़ लाओ
जिसको कोई न जानता हो
जिसके बारे में कुछ बताने की असफलता
को भी कोई समझ न पाए

वह ज्ञान, तर्क, अनुभूति और अध्यात्म
सबको धता बताती हुई
पहली बार की तरह आए
जब वह आए तो कोई परिपाटी न हो उसकी

उसकी आराधना करने
उसकी हत्या करने
उससे डरने, प्यार करने, नफ़रत करने की
कोई वजह ही नहीं हो पहले से

समय उसके बाद शुरू हो या न हो

फिर चाहे तो भाषा आए

उसे इस तरह लाओ कि उसे लाने का कोई तरीक़ा
तुम्हें मालूम नहीं था, वजह भी नहीं
उसकी कोई देह थी या नहीं किसी को मालूम नहीं था

इन्द्रियों से उसके सम्बन्ध भी अज्ञात ही थे

उस ऐसे लाओ कि कोई उपमा न दे पाए
वह कहीं से भी लाई जाए या कहीं नहीं से भी
वह कण हो या अन्तरिक्ष,
आन्तरिक हो या बाह्य
कुछ भी हो ना हो

उसे लाओ।

हिसाब

ब्लेड से पेंसिल छीलते हुए
एक पूर्ण-विराम-भर कट सकती है उँगली
लेकिन अश्लील होता
बिल्कुल सफ़ेद काग़ज़ पर गिरना
अनुस्वार-भर भी
रक्त की बूँद का।

नहीं आ पाई थी कोई भी ऐसी बात
कि उँगली से ही लिख दी जाती—
लाल अक्षरों में

उत्तापहीन हो चला था इतिहास
सिर्फ़ हवाओं की साँय-साँय सुनाई देती थी
कविताओं के खोखल से

सिर्फ़ प्रेम ही लिख देने भर भी
उष्म नहीं बचे थे हृदय, तब
प्रेमपत्रों को कौन पढ़ता?

बचती थी केवल प्रतीक्षा ज़ख़्म सूखने की
कि पेंसिल छीलकर लिखा जा सके—
हिसाब।

तुम्हारी बात

और जबकि किसी को बहला नहीं पाई है मेरी भाषा,
एक शोकगीत लिखना चाहता था विदा की भाषा में और देखो
कैसे वह रस्सियों के पुल में बदल गया

दिशाज्ञान नहीं है बचपन से
सूर्य न हो आकाश में
तो रूठकर दूर जाते हुए अक्सर
घर लौट आता हूँ अपना उपहास बनाने

कहाँ जाऊँगा तुम्हें तो मालूम हैं मेरे सारे जतन
इस गर्वीली मुद्रा के भीतर एक निरुपाय पशु हूँ
वधस्थल को ले जाया जाता हुआ

मुट्ठी भर धूल से अधिक नहीं है मेरे
आकाश का विस्तार—तुम्हें मालूम है ना?

किसे मैं चाँद कहता हूँ और किसको बारिश
फूलों से भरी तुम्हारी पृथ्वी के सामने क्या है मेरा छोटा सा दुख?

पहले सीख लूँ एक सामाजिक भाषा में रोना
फिर तुम्हारी बात लिखूँगा।

रविवार

रविवार को देवता अलसाते हैं गुनगुनी धूप में
अपने प्रासाद के ताख़े पर वे छोड़ आए हैं आज
अपनी तनी हुई भृकुटी और जटिल दण्ड-विधान

नींद में मुस्कुराती किशोरी की तरह अपने मोद में है दीवार-घड़ी

ख़ुशी में चहचहा रही है घास और
चाय की प्याली ने छोड़ दी है अपनी गम्भीर मुख-मुद्रा

कोई आवारा पहिया लुढ़कता चला जा रहा है
वादियों की ढलुआ पगडण्डी पर

यह खरगोश है प्रेमिका की याद नहीं
जो दिखा था, ओझल हो गया रहस्यमय झाड़ियों में

यह कविता का दिन है गद्य के सप्ताह में।

हम अपनी थकान को बहने देंगे एड़ियों से बाहर
नींद में फैलते ख़ून की तरह

हम चाहेंगे एक धुला हुआ कुर्ता-पायजामा
और थोड़ी सी मौत

रात

कभी माँसल, कभी धुआँती, कभी डूबी हुई पसीने में
ख़ूब पहचानती है रात अपनी देह के सभी रंग

कभी इसकी खड़खड़ाती पसलियों में गिरती रहती पत्तियाँ
कभी टपकती ठण्डी ओस इसके बालों से

यह ख़ुद चुनती है रात अपनी देह के सभी रंग

यह रात है जो ख़ुद सजाती है अपनी देह पर
लैम्प पोस्ट की रोशनी और चाँदनी का उजास

ये तारे सब उसकी आँख से निकलते हैं
या नहीं निकलते जो रुके रहते बादलों की ओट

ये उसकी इच्छाएँ हैं अलग-अलग सुरों की हवाएँ

तुम्हारी वासना उसका ही खिलवाड़ है तुम्हारे भीतर
ऐसे ही तुम्हारी कविता

यह एकान्त उसकी साँस है
जिसमें डूबता आया है दिनों का शोर और पंछियों की उड़ान

तुम्हारा दिन उसी का सपना है।

कमीज़

खूँटी पर बेमन से टँगी हुई है कमीज़
वह शिकायत करते–करते थक चुकी
यही कह रहीं उसकी झूलती बाँहें

उसके कन्धे घिस चुके हैं पुराना होने से अधिक अपमान से
स्याही का एक पुराना धब्बा बरबस खींच लेता ध्यान

उसे आदत–सी हो गई है बगल के
कुर्ते से आती पसीने के बू की
उसे भी सफ़ाई से अधिक आराम चाहिए
इस सहानुभूति के रिश्ते ने आगे आकर ख़त्म कर दी है उनकी दुश्मनी

लट्टू के प्रकाश के इस कोण से
उसकी लटक आई जेब में भर आए अँधेरे की तो कोई बात ही नहीं

कुछ नहीं

व्यस्तता छोड़कर एक पल को रुकना होगा
सुननी ही होगी मेरी बात
संक्षेप में कहने को मत कहना
कुछ नहीं है बात—इसी से देर लगेगी

मत पूछना कि इस से तुमको क्या
कि रात के ठीक किस पहर गिरते हैं पारिजात
नीली देह वाली यह शोख नदी
अकेले में क्या कहती है चाँद से
तारों से
रात से

मत कहना ऊब कर कि तुम्हें न बताऊँ
बचपन के बक्से के बारे में
जिसमें रखे पत्थर और काँच के टुकड़े
तुम्हें सौंपने की इच्छा में बिता आया हूँ आयु

रुक कर सुननी होगी
छोटे कोमल बछड़े, समुद्र और हवा के गोपन–रिश्ते की कविता
बैठना होगा धैर्य से इस साफ़ पत्थर पर
कण भर भी इस पर धूल नहीं है
बात कुछ भी नहीं है

बड़ी मुश्किल से कहा जा सकेगा उसका थोड़ा–सा अंश
कुछ पल रुकना होगा
सुननी होगी बात

मेरे पास

मेरे पास जो तुम्हारा ख़याल है
वह तुम्हारे होने का अतिक्रमण कर सकता है
एक चुप्पी जैसे चीरती निकल सकती हो कोलाहल का समुद्र

मैं एक जगह प्रतीक्षा में खड़ा रहा था
मैं एक बार सीढ़ियाँ चढ़कर वहाँ पहुँचा था
मैंने बेवजह मरने की सोची थी
मैंने एक बार एक फूल को और
एक बार एक तितली के पंख को ज़मीन से उठाया था

मैं दोपहरों से वैसा ही बेपरवाह रहा था जैसा रातों से
मैं रास्ते बनाता रहा था और
मैं रास्ते मिटाता रहा था—धूल में और ख़याल में

इन बेमतलब बातों के अन्त पर आती रही थी शाम

तुम्हारा एक शब्द मेरे पास है
यह किसी भी रात का सीना भेद सकता है और
प्रार्थनाघरों को बेचैन कर सकता है
सिवाय अँधेरे के या गुलामी के पट्टे के
इसे किसी और चीज़ से नहीं बदलूँगा

इसे दोहराता हूँ
कि जैसे माँज के रखता हूँ चमकदार!

घर

घर वैसा ही होगा जब हम लौटेंगे
जैसे शताब्दियों तक वैसे ही रहते हैं घर किताबों में

हम किताबों की धूल झाड़ेंगे
और घर में प्रवेश करेंगे
वहाँ चूल्हा वैसे ही जल रहा होगा
जैसा कहानी में जलता था और
लकड़ी बुझने से पहले शुरू हो गया था दूसरा दृश्य

वह बुढ़िया अभी भी आराम-कुर्सी में
सो रही होगी जो कुछ सौ साल पहले
ऊँघ गई थी आँच से गर्म कमरे के विवरणों के बीच
इसे एक गोली की आवाज़ ही जगा सकती है
लेकिन मालूम नहीं कब

हम चाहते भी थे कि दुर्भाग्य का वह पन्ना उधड़ कर
उड़ता चला जाए किसी रहस्य-कथा में

हम चाँदनी से भी आरामदेह एक बिस्तर पर लेट जाएँगे
जहाँ नींद की उपमा की तरह आएगी नींद
और हमें ढक लेगी

हम सपना देखेंगे एक घर का या किताब का

पुराना पेड़

वह दुख का ही वृक्ष था
जिसकी शिराओं में बहता था शोक
दिन–भर झूठ रचती थीं पत्तियाँ हँसकर
कि ढका रह आए उनका आन्तरिक क्रंदन

पाले की रात
जब वे निःशब्द गिरतीं थीं रात पर और
ज़मीन पर
हम अगर जागते होते थे
तो खिड़की से यह देखते रहते थे

देर तक

पूर्वकथन

संज्ञाओं, परिभाषाओं और उपमाओं पर विश्वास न करता हुआ
ख़ालीपन हूँ चीज़ों के बीच छूटा हुआ

वृक्ष, हवा और यौनिकता एक धोखा है
समझे हुए हूँ यह बात
कामनाओं से अँधा होने के पहले वाले दिन से

नफ़रत से लिथड़ी एक ग़ाली
एक कुत्ते वाला पट्टा
काठ का एक प्रतीकात्मक देवदूत
एक फूल जो भोंडे ढंग से बताएगा प्यार
इन सब को प्यार से चूमता हूँ
या नहीं चूमता
इन पर थूकता हूँ या नहीं थूकता
मेरे मुँह ही नहीं है—लार भी नहीं

भाषा को जोड़ो क़तरा-क़तरा
आवाज़ों और आँसुओं को ध्यान में रखकर
या उलट-पुलट दो इस बेतुकेपन को
बेतुकेपन के लिए और...
और ध्यान रखो इससे तैयार न हो जाए कोई संयोजन
या मत रखो ध्यान

तुक और बेतुकेपन पर आस्था रखता हुआ
मैं आस्था को नहीं जानता ठीक से
जानने को नहीं जानता
पुनरावृत्ति को भी नहीं समय के भीतर

मैं ख़ाली जगह भीतर से भरा हुआ और संदिग्ध
मुझको ग़ाली दो

पूर्वज कवि

पूर्वज कवि आते हैं
और सुधार देते हैं मेरी पंक्तियाँ
मैं कहता हूँ कि हस्ताक्षर कर दें जहाँ
उन्होंने बदला है कोई शब्द या पूरा वाक्य

होंठ टेढ़ा करके व्यंग्य में मुस्काते
वे अनसुनी करते हैं मेरी बात

उनकी हस्तलिपि एक अभ्यस्त हस्तलिपि है
अपने सुन्दर दिखने से बेपरवाह
और तपी हुई
कविता की ही आँच में

सुबह मैं ढूँढ़ता उनके पदचिह्न ज़मीन पर
सपनों पर और अपनी कविता पर

फुर्र से एक गौरैय्या उड़ जाती है खिड़की से

ढूँढना–पाना

देह नहीं खोज रहे थे देह में
दु:ख की जगहें तलाश रहे थे
एक दूसरे की

इसमें रुकावटें जो थीं
देह की नहीं थीं
एक हिचक थी पुराने क़िस्म की और भय था

बीच में रेत की नदियाँ थीं
जिनमें चमक आते थे तृष्णाओं के दृश्य

नेपथ्य में रोज़मर्रा की आवाज़ें थीं
अगर संगीत था तो यही था

कुछ और आवाज़ें थीं जैसे रोशनी की तीख़ी किरनें कौंधतीं
ये दुस्वप्नों की सलाखें थीं—
जागते नहीं थे डरकर सोते भी नहीं थे

इसी बीच में सब कुछ ढूँढना था
देह को नहीं ढूँढना था देह में
छुपी हुई जगहें तलाशनी थीं दु:ख की।

क़िस्सा

चलते-चलते हम कहानी में उस जगह पहुँच गए हैं
जहाँ चाकू किसी भी चीज़ को काट नहीं पाते
और कूट संकेत बताने वाली चिड़िया की आवाज़
सूख गई है अनाम वृक्ष की टहनी पर।

नदियाँ इतनी शान्त
कि धूप में काँच की तश्तरी पर सजाई सी दिख रही हैं
उदास आँखों वाली मछलियाँ।
तहखानों में भर रही है रेत और
पत्थर की मूर्तियाँ उनमें नाक तक डूब चुकी हैं
मन्त्रोंवाली किताब की सतरें भुभुरा कर झरीं
और हवा उन्हें बहा ले गई है प्राचीन वर्णमालाओं के देश में
उबासियाँ लेते नहीं थकते अभिमन्त्रित थे जो लोग
वे रुकते हैं तो बस तारीख़ और समय पूछते हैं,

दूर सुनाई दे रही है भापवाले ट्रेन की सीटी जो उन्हें ले जाएगी

राजकुमारियाँ झुर्रियों से बेपरवाह
और उनके बाप शतरंज में मशगूल,
सपनों में खजूर खाते हरकारे नींद में मुँह चला रहे हैं,

बुद्धिमान लोग कोई उलझाव गढ़ते हैं,

तो बच्चे उन्हें जूतों के तस्मों की तरह खोल लेते हैं
गोया यह खेल भी ख़त्म पर,

हम अँधेरे में दीवार टटोल रहे हैं कि कोई खटका हाथ लगे,
कि दरवाज़ा दिखाई दे बाहर जाने का।

चंदिया स्टेशन की सुराहियाँ प्रसिद्ध हैं

जंगल के बीच से किंवदन्ती की तरह वह आई प्यास उस
गाँव में और निश्चय ही बहुत विकल थी।

और चीज़ें क्यूँ पीछे रहतीं जब छोटी रानी ही ने उससे
अपनी आँखों में रहने की पेशकश कर दी, लिहाज़ा
उसे धरती में ही जगह मिली जहाँ की मिट्टी का उदास
पीला रंग प्रेमकथाओं की किसी साँझ की याद दिलाता है।

पहली जो सुराही बनी वह भी प्यास धरने के लिए
ही बनी थी लेकिन कथाएँ तो ग़लती से ही *आगे बढ़ती* हैं।

आगे बढ़ती ट्रेन उस पुराने गाँव की पुरानी कथा में
थोड़ी देर को जब रुकती है तो लोग दौड़कर दोनों
हाथों में सुराहियाँ लिए लौटते हैं—कथा में नहीं बाहर
सचमुच की ट्रेन में।

वे भी इसमें पानी ही रखेंगे और विकल रहेंगे,
ग़लती दुरुस्त नहीं हुई है इतिहास की।

आदिवासी औरत रोती है

आदिवासी औरत रोती है गुफाकालीन लय में,
इसमें जंगल की आवाज़ें हैं और पहाड़ी झरने के गिरने की आवाज़,
इसमें शिकार पर निकलने से पहले जानवर के चित्र पर टपकाया
गया आदिम ख़ून टपक रहा है,
तेज़ हवाओं की आवाज़ें हैं इसमें और आग चिटखने की आवाज़,
बहुत साफ़ और उजली इस इमारत के वैभव से अबाधित
उसके रुदन से यहाँ जंगल उतर आया है।

लम्बी हिचकियों के बीच उसे याद आते जाएँगे
मृतक के साथ बीते साल, उसके बोल, उसका गुस्सा—
इन्हें वह गूँथती जाएगी अपनी आवाज़ के धागे पर
मृतक की आख़िरी माला के लिए,
यह मृत्यु के बाद का पहला गीत है उस मृतक के लिए—
इसे वह जीते जी नहीं सुन सकता था।

हम बहरहाल उन लोगों के साथ हैं
जिनकी नींद ख़राब होती है—ऐसी आवाज़ों से।

वक्तव्य

अपने आप में बड़बड़ाते चलने वालों के पास
दूसरों के स्थगित वाक्य हैं,
टल गया जिनका कहा जाना कभी संकोच
कभी हड़बड़ी और अक्सर
समय पर न सूझ पाने के कारण,
आपके ठीक बगल से गुज़रते हुए वे कहते हो सकते हैं
वह वाक्य जो आपसे कहना चाहता था आपका परिचित
और चुप रह गया था पिछले किसी मौसम।

वे यूँ ही याद रखने को दुहरा रहे हों
किसी दूसरे के हिस्से का वाक्य जिसे
आगे किसी जगह पहुँचाना है,
बाज़ दफा जब वे चुपचाप गुज़र जाएँ आपके पास से सोचते कोई बात—
वे सुन रहे होते हैं कान देकर आपके भीतर गूँजते
आपके अनकहे वाक्य।

हाथ

अभी इस पर धूल की पतली परत है लेकिन
यह मेरा हाथ है जिसे देखता हूँ बार-बार
डूबकर जीवन में।

यहीं कहीं हैं भाग्य और यश की पुरातन नदियाँ
कोई त्रिभुज घेरे हुए भविष्य का वैभव,
समुद्र यात्राओं के अनाम विवरण,
किसी चाँद का अपरिचित पठार, कोई रेखा
जिसमें छिपाकर रखे गए हैं आयु और स्वास्थ्य के रहस्य,
गोपन प्रेम की छोटी-छोटी पगडण्डियाँ, कोई सुरक्षित दाम्पत्य का पर्वत
भूत-भविष्य की कोई दुर्घटना—किसी पाण्डुलिपि की लिखावटें—
इसे देखता हूँ एक अधूरे सपने की तरह—समय के आख़िरी छोर से।
प्रेम कविताओं की तरह के स्पन्दित शब्द
जो लिखे जाने थे इससे, इसे बनाना था कोई चित्र—
अभी बाक़ी हो प्रेम का कोई अछूता स्पर्श,
इसे बढ़ना था कितनी दिशाओं में मैत्री के लिए
अभी दबाई जानी थी बन्दूक की लिबलिबि,
अभी देना था हृदय का ऊष्म संदेश,
मेरी देह से जुड़ा यह हाथ है मेरा
मेरा प्रिय, कितना अपरिचित।

सेब

जब इतनी बारिश लगातार हुई
कि डूब सकता था कुछ भी
मैं भागकर कमरे में आया और
उठाकर बाहर आ गया—यह अधखाया सेब,

मुझे याद आया जब लगी थी आग पिछली गर्मियों में
तब भी मैंने बचाया था—
एक अधखाया सेब,

जाड़े में धीमे सड़ती है चीज़ें लेकिन
पाले में उँगलियाँ गलने से पहले भी
मैंने ज़मीन से उठाकर रख लिया था जूठा सेब,

इससे पहले कि इसमें ढूँढ़ लिया जाए कोई सन्दर्भ
इस बेकार की चीज़ को—
मैं उछालता हूँ आपकी ओर

बारिश

घर से निकलते ही होने लगती है वर्षा
थोड़ा बढ़ते ही मिटते जाते कीचड़ में पिछले पदचिह्न
ढ़ाढस के लिए पीछे मुड़कर देखते ही
ओझल हो चुका होता है बचपन का घर,
घन-गर्जन में डूब जाती माँ-बाबा को पुकारती आवाज़
पुकारने को मुँह खोलते ही भर जाता है वर्षाजल
मिट रही आयु रेखाएँ त्वचा से
कण्ठ से बहकर दूर चला गया है मानव स्वर
पैरों से उतरकर कास की जड़ों में चली गई है गति,
अपरिचित गीली ज़मीन पर वृक्ष सा खड़ा रह जाता आदमी
पत्रों पर होती रहती है बारिश।

दीवारें

कमरा यह बना दीवारों से
यहाँ वर्जित है आकाश का आना
सुबह को खुली खिड़कियों के अन्तराल से ज़्यादा।

कमरे में नहीं होता आकाश तो नहीं होती चिड़िया,
पतंग या लड़ाकू विमान,
नहीं होते सितारे, न बरसती ओस न बरखा—
एक हवा होती, रंगहीन, जिसमें
घूमता होता पंखा मीडियम स्पीड पर,

दीवारें रोकती हैं आकाश,

इस गहरी रात में निकलकर बाहर छोटे से इस चाँद के नीचे—
मैं ज़ोर से भरता हूँ फेफड़े में आकाश—
थोड़ा उजला हो जाता, आत्मा का साँवला रंग।

किससे छूट गया

जाने किससे छूट गया खेत में,
आयु, गुलामी, दौड़, ईर्ष्या
किससे छूट गया?
खाता हूँ कीचड़, फफूँद, कीड़े
पानी, हवा, धूप पीता हूँ
छूट गया खेत में,
उग आई है घास
कानों में, सीने में, आँखों की कोटर में,
नथुनों से झरते हैं परागकण
मुँह उगलता है बीज
भूल गया साँस लेना, भूल गया शब्द,
ईर्ष्या, दौड़, गुलामी, आयु
किससे छूट गया खेत में।

चढ़ आया है पानी

देह के भीतर चढ़ता जा रहा है पानी
बाहर आईने में रोज़ परख रहा हूँ मैं
अपनी त्वचा का आश्वासन,
एक पुराने चेहरे के लिए
मेरे पास है मुस्कान का समकालीन चेहरा।

कल जो कमर तक था पानी आज
चढ़ आया है सीने तक
सुनाई देने लगी है कानों में हहराते पानी की आवाज़
दिखाई देते हैं फुनगी के थोड़े से पत्ते
डूब जो चुकी है पगली झाड़ी,

किसी पर्व की रात सिराए दीपक सी
अब भी डगमग उतराती हो आत्मा
इसी बढ़ते जल में।

एक जगह

उदासी एक जगह है
जैसे कि यह शाम जहाँ अक्सर मैं छूट जाता हूँ,
मुश्किल है बाहर का कुछ देखना-सुनना,
उदासी की बात सुनकर
दोस्त बताते हैं नज़दीक के झरनों के पते
जहाँ बीने जा सकते हैं पारिवारिक क़िस्म के सुख,
पता नहीं यह अँधेरा है,
या नींद,
या सपना, जिस पर,
गिरती रहती है झरने-सी उदासी,
मेरी हर यान्त्रिक चालाकी के विरुद्ध
मेरी अनिद्रा, मेरा प्रत्युत्तर है मुझको इस समय,
और एक जगह है यह अनिद्रा भी, जिसके भीतर
सोकर, नींद भूल गई हो—बाहर का संसार,
पत्थर हो चुके इसको खोजने निकले राजकुमार।

फिर लौटकर

घूमकर वापस आती हैं ॠतुएँ,
पागल हवाएँ, बीमार चाँद और नदियों की याद
वापस आते हैं घूमकर,
घूमकर आता है वही भीगा हुआ गीत,
जहाँ अब भी झर रहे हैं पारिजात के फूल,
घूमकर याद आती है कोई बुझी हुई सी जगह
चमकने लगतीं जैसे सभ्यताएँ
हटाकर पुरातत्व की चादर,
घूमकर लौट आता है मृत्यु का ठण्डा स्पर्श,
स्नायुओं का उन्माद और कोई निर्लज्ज झूठ,
घूमकर वापस आती है पृथ्वी हाथ की रेखाओं में,
लौटकर अस्त होता सूर्य अक्सर पुतलियों में,
अभी–अभी तो लौटा है साँसों में आकाश,
घूमकर वापस लौटता ही होगा कोई
जीवन कण अनन्त से।

कुर्सी

सर्दी, पानी, धूप–घाम के बीच
बाहर में पेड़ के नीचे
किसी तरह से छूट गई है कुर्सी,
उजड़ चुका पुराना रंग,
जंग लगे कीलों से जुड़े जोड़ों में,
धीमे–धीमे जमा हो गई हैं चरमराहटें,
एक दिन शेष हो जाएँगे
इस पर बैठने वाले का संस्मरण सुनाते अन्तिम लोग,
बताना मुश्किल होगा इसकी अस्थियों से
इसका विगत विन्यास,
नए और अपरिचित लोगों के बीच—
जब खुल जाएँगी इसकी सन्धियाँ,
इससे पहले ही किसी शिशिर में शायद
एकमत हो जाएँ कुछ लोग
दहकाने को इससे—
एक साँझ का अलाव।

शायद

बातचीत में शायद की जगह
शायद के अनिश्चित से इतनी निश्चित
कि बदल देती निश्चित चीज़ों के अर्थ और सम्बन्ध,
एक शायद के पहले कितना मज़बूत था प्यार?
शायद के बाद बदल जाता किसी संसार में शान्ति का आकाश,
एक शायद से गरजने लगते लड़ाकू विमान,
कहीं रुक जाता वसंत, मुस्कान की कोर पर।

शायद जैसे चील की उड़ान का सौन्दर्य,
जैसे हवा में चल चुका कोई तीर,
किसी हाँ और ना के बीच धड़कता हृदय,
समय के दो बिन्दुओं के बीच एक स्पन्दित सम्भावना—
जिसके पीठ की ओर खड़ी हो मृत्यु और सम्मुख जीवन,
भविष्यकथनों और हस्तरेखाओं के रहस्य लोक का वृद्धसृष्टा,
स्वर्ग और नर्क के बीच
पृथ्वी जैसी एक सम्भावना।

रात

तारों में छोड़कर आए थे
हम अपना दुख
यहाँ इस जगह लेटकर
इसीलिए देखते रहते हैं तारे,
गिरती रहती है
ओस।

मक्खियाँ

अगर हमें फिर से न पढ़नी पड़तीं वे किताबें,
बच्चों को पढ़ाने की खातिर,
तो अब तक हम भूल ही चुके होते उन गन्दी जगहों के विवरण
जहाँ से मक्खियों के बैठकर आने का भय दिखाते हैं—
सदा स्वस्थ लोगों के
शाश्वत हँसते चित्र,
वे चाहें तो हमें इतना परेशान कर दें
कि थोड़ी देर को छोड़कर वह ज़रूरी काम
हम सोचने लगे
नुक्कड़ से चाय-सिगरेट पीकर आने के बारे में,
और जहाँ—
सोचना भी मुश्किल गुड़, जलेबी,
नाली और घूरे के बारे में,
मुस्कुराते और गुरगुराते एयर कण्डीशनरों वाले
काँच से घिरे गम्भीर दोस्त के कमरे में—
उन्हें देखा जा सकता है उड़ते
उदास सहजता की पुरानी उड़ान में,
और उनके दिखने पर थोड़ी अतिरिक्त जो
दोस्त की प्रतिक्रिया है—उससे आती हँसी को—
ढाल देते हम
उसके नौजवान दिखने की ख़ुशामद में।

राख

ढेर सारा कुछ भी तो नहीं जला है इन दिनों
न देह, न जंगल, फिर कैसी यह राख?
हर ओर?
जागते में भर जाती बोलने के शब्दों में,
किताब खोलो तो भीतर पन्ने नहीं राख!
एक फुसफुसाहट में गर्क हो जाता चुम्बन
और ज़ुबान पर लग जाती राख!
राख के पर्दे,
राख का बिस्तर,
हाथ मिलाने से डर लगता
दोस्त न दे थोड़ी सी राख,
बहुत पुरानी घटना हो गई कुएँ-तालाब का पानी देखना,
अब तो उसको ढके हुए है राख,
राख की चादर ओढ़कर घुटने मोड़े
मैं सो जाता हूँ घर लौटकर
सपनों पर निःशब्द गिरती रहती है—राख।

जनदर्शन

और आपकी तरफ़ सब ठीक है ? पूछने में मुख्यमन्त्री की खिली हुई मुस्कान को मालूम नहीं था कि आज के जनदर्शन में एक मूर्ख आया है जो सचमुच अपने क्षेत्र की समस्याएँ गिनाने लगेगा, उन्होंने अधिकारियों की ओर देखा फिर पत्रकारों की ओर और अंगरेज़ी में जो कहा वह यूँ कि कांग्रेसी हर कार्यक्रम में अपने आदमी प्लांट कर दे रहे हैं फिर कुछ रूखाई से उस आदमी से उन्होंने कहा कि कांगरेस राज से आराम है कि नहीं ? तब तक आदमी सकपका चुका था उसने प्रणाम किया और सरक कर दूसरी ओर बैठ गया। थोड़ी देर बाद जब मुख्यमन्त्री को दोबारा उसका ख़याल आया तो वह जा चुका था तब उन्होंने अफ़सरों से कहा, कहीं वह बस्तर से तो नहीं आया था, दिखवाओ तो ?

शेर दागना

फिरोज़ अख़्तर फिरोज़ या किसी गाँव के तख़ल्लुस वाले शायर दोपहर जब आए तो खासे प्यासे थे लेकिन पानी का गिलास हाथ आते ही उन्होंने शेर दाग दिया जो मेरे कान को छूता गुज़रा और मेरे पुराने घर की दीवार की पलस्तर में जा धँसा जहाँ से थोड़ी रेत और सीमेंट भुरभुरा कर झर गई। दाद न मिलने पर और एक शेर सुनाया जो मेरी नासमझी की दीवार से टकराकर थोड़ा और पलस्तर गिरा गया। थोड़ी देर में तो कमरा चाँदमारी का मैदान हो गया था और आने वाले लोग थे कि चारों ओर आदिवासियों की तरह मरे पड़े थे और शेर थे कि क्लाशनिकोव की मैगज़ीन हुए जा रहे थे। अन्त में अपनी शेरवानी, टोपी और अपना दीवान समेटकर जब वो चौकी से उठे तो उन्होंने क्षेत्रीय बोली में तम्बाकू माँगा।

मछलियाँ

एक मछली से तुम सबकुछ (का चित्र) बना सकते हो...मज़ाकिए चित्रकार ने अत्याधुनिका से कहा यहाँ तक कि एक फीमेल न्यूड भी। वह जरा भी चौंकती तो देहाती करार दी जाती सो उसने आगे का दाँव खेला—तो क्या एक स्त्री गुप्तांग भी ? पुरुष अब गम्भीर, भयभीत और परास्त कायान्तरण की ओर घूम चुका है। अगले दृश्य में वह त्रासदी का नायक है जो इस मछलीघर में किसी विशाल मछली के पेट से निकला है। अत्याधुनिका के लिपस्टिक ठीक करने के दृश्य के बाद क़ैमेरा सीधे सार्वजनिक मूत्रालयों के रेखांकनों पर रोककर हम कास्ट/क्रेडिट्स दिखाना शुरू कर सकते हैं। फ़िल्म का नाम मछलियाँ।

मलेरिया

उस समय का क़िस्सा है जब इतना विकास हो गया था कि दो साल तक मालूम ही नहीं कर पाए कि मलेरिया था। ख़ून जाँच कराते-कराते वह सुनहरा हो गया और उसकी भूख और उसका हास्यबोध जागृत हो गया। खाना अलबत्ता पच नहीं पाता था उसे और उसके लगातार मज़ाक डॉक्टर, नर्स और मित्रों को। एक और दोस्त का क़िस्सा याद आया जिसका फिसड्डीपन सेरेब्रल मलेरिया से ऐसा दूर हुआ कि पुराने दोस्त उससे आँख नहीं मिला पाते थे लेकिन बीच में थोड़ा हिंसक क़िस्म से सरक गया था।

मलेरिया मिलते ही हास्पिटल में जश्न का सा माहौल हो गया डॉक्टर्स एक दूसरे से गले मिलकर बधाइयाँ दे रहे थे, मिठाई मँगाने का प्रस्ताव किसी सीनियर ने ख़ारिज कर दिया वरना इस मरीज के मुँह में डॉक्टर हलदकर ज़रूर लड्डू ठूँस देते जिसे मलेरिया मिला था इससे उसके प्रेक्टिकल जोक्स भी मरने तक रुक जाते।

ख़ुशी के बीच ऐसे भी वह मरा तो किसी का ध्यान नहीं गया।

कल्पनाहीनता

मेरे पक्षी उड़ते तो कभी छत से कभी पंखे से टकराकर छितरा जाते इस तरह कि ज़मीन उनके टुकड़ा-टुकड़ा शवों से नहीं चिन्दी-चिन्दी काग़ज़ों से भर जाता। एक बार तो हद हो गई जब मैं आकाश की बात करते हुए उड़ने वाली मछलियों की बात तक नहीं लिख पाया जबकी यह उस समय की सभी बालपत्रिकाओं में बहुतायत से छपने वाली थीम थी। अक्सर मेरे कन्धे पर पंखे से भी नीचा उड़ने वाला उल्लू बैठा रहता और मिचमिचाती आँखों से दिन की धूप को देखता रहता। यद्यपि मैं ख़ूब ऊँची छतों वाले कमरों में पला-बढ़ा था और मैंने बचपन में उड़ते पक्षी को मार गिराने के शिकारी संस्मरण अपने दादाजी से ख़ूब सुने थे।

विवाह

उस समय जबकी कोहबर के वृक्ष और पक्षी भी सो गए थे, सप्तपदी के उनींदे समय को पुरोहित की कड़कदार आवाज़ ही तोड़ सकती थी। वह अब भी हर विवाह पर वही मज़ाक करके लोगों को जगा देने वाला मसीहा था।

रात ख़त्म होने को है, भाषा और उल्लास पहले ही ख़त्म हो चुके इसी समय मैं वर-वधू-स्त्री-पुरुष के बीच एक बड़े से लाल फल को पकता देख पाया। वह निश्चय ही वासना का लाल फल था जो समूचे वायुमण्डल की साँस तंग कर सकता था किसी क्षण।

आग जलाने का यत्न करते पुरोहित को भी जैसे अचानक इसका भान हुआ और उसके पलट कर देखते वर-वधू खड़े हो गए जबकी यह थोड़ी देर में उनसे कहा जाना था, नाई को पुरुष की कलगी और सखी को स्त्री की सलवटें ठीक करनी थीं।

कोई चीज़ इस बीच वहाँ आ गई थी अनुष्ठान मण्डप से मन्त्रों का वर्चस्व कम करती। वह शायद तीव्र कामना से मिलती-जुलती किसी चीज़ का उत्ताप था जिसने दोनों देहों को तान दिया था अद्वितीय अंगड़ाइयों में एकसाथ एक ही जैसी गीली और लसलसी मुस्कान दोनों के मुख पर आई फिर छुपा ली गई।

उनींदे लोगों ने इसे स्वप्न की तरह देखा और पवित्र अग्नि ने इसको देखा हास से,

परिक्रमा इसके बाद सम्पन्न हुई।

साथ

मेरे बढ़े हुए नाख़ूनों और घटिया भाषा के सामने उसने जैसे अवध्य और जिद्दी ढंग की सुन्दरता रखने की नीति चला रखी थी। मेरे पसन्द के रंग और चुप्पियाँ, साफ़ क़िस्म की बेतरतीबी...इतनी सहनशीलता का पाखण्ड बन्द करो!!!

एक शराबी की तरह यह चीख़ने की इच्छा पर भी सुनहली कॉफ़ी का कप पेपरवेट की तरह रखकर मुड़ते हुए मुँह की कोर पर हँसी छुपा नहीं पाना इतना मेरी सनक के लिए काफ़ी होता बाक़ी के दिन।

हम एक दूसरे की इच्छाओं से नहीं बने थे इसलिए जब उसने सबकुछ वैसा ही करने की कोशिशें शुरू कीं जैसा मैं अपनी पसन्द बताया करता था तो विदा का वक़्त आकर कौवे की तरह बिस्तर पर बैठ गया। जरा सोचिए सफ़ेद चादर पर बैठा कौवा, आपके शान्त शयनकक्ष में!!

विदाई का समय आ गया है डूबते हुए दिन डूबते हुए दिल। जान-बूझकर कचरा फैलाना, अंग खुजाना, हत्यारे के पक्ष में बात करना... आओ मुझसे लड़ो, किसी धात्विक चीज़ से मेरे चेहरे पर वार करो। नाक से टपकते ख़ून से ज़मीन पर थोड़ा खेलूँगा फिर तर्जनी से लिखूँगा—
तुम्हारा नाम।

कुत्ते को

यह परास्त वसंत और धूलभरे ग्रीष्म के बीच के असमंजस भरे दिन थे जब आलस और अनिद्रा के घण्टे में कुछ गड़बड़ा से गए थे, इसी समय में उससे अचानक मिला। वह मेरा प्रतिरूप था, सामाजिक रूप से मेरा प्रशंसक विश्लेषक विवेकवान। अपनी भीतरी अँधेरी जगहों में मैं उसी के जैसा होना चाहता था।

वह मुझसे उदार, स्पष्टवादी और नैतिक था। आत्मा की तरह शुद्ध उसकी इयत्ता कहीं दाँव पर नहीं थी। शतरंज की बाज़ी के आख़िर में एक और वज़ीर जिन्दा कर लेने की तरह वह मेरी कुण्ठा के अन्तिम दिनों में आया। उसने मेरा कमरा और अहंकार तरतीब से जमा दिए और मेरे अर्धसत्यों पर से धूल झाड़ दी।

उसके पास आवाज़ नहीं थी, एक काल्पनिक चेहरा था और राशनकार्ड के तो बारे में सोच भी नहीं सकते। ऐन्द्रिय विग्रहों से मुक्त उसके कपड़े सिलाने नहीं पड़ते थे।

उसे सूँघता एक जासूसी कुत्ता मेरे गेट तक पहुँच गया तो मैंने उसे गोली मार दी।

नीला

पुरानी जींस का रंग उड़ रहा है और वह और सुन्दर दिखाई दे रही है। इधर वह आरामदेह भी हो गई है हम दोनो में समझौता हो गया है। अगर मैं अपनी जेब के पास गन्दगी करने की आदत छोड़ दूँ तो वह मेरी ऐड़ी के पास लगातार बुदबुदाने की आदत छोड़ दे तो मैं भी ख़राब बिम्बों से उसकी रक्षा करूँगा तो वह भी ज़मीन पर बैठने में मेरी मदद करेगी तो मैं उसे समुद्र दिखाने ले जाऊँगा।

दिन में यह आसमान के जैसे नीले रंग की कामना करता है और रात में यह समुद्र के नीले रंग की इच्छा करता हुआ हरे टी शर्ट और बेमेल मोजे के साथ सोता है—ज़मीन पर।

ये अलग बात है कि उससे निकलने वाले नीले रंग से न आकाश नीला होता है न समुद्र। वह नीला रंग तो धुलाई के गन्दले पानी के साथ नाले से बह गया।

पुराना

पुरानी कविताओं का कुछ नहीं किया जा सकता। वे रहेंगी। अपने बेढंगेपन और असमंजस के साथ वे काई की तरह मौजूद मिलेंगी। बाद के हरेक शब्द में वे ऐसे ही मौजूद हैं कि लाख सावधानी के बावजूद कुछ बोल ही देती है मातृभाषा, राष्ट्रभाषा के पीछे से।

वे पद दलित की गईं, अप्रकाशित हुईं और दबाई गईं अनगढ़ताओं की धूल में। उन्हें विस्मरण और भौतिक क्षरण के अम्ल में डुबोकर रखा एक चिड़चिड़े कवि ने।

वे खुरचकर हटाई गईं दीवार से फिर ध्यान से दरारों में पोता गया चूना, जहाँ उनकी आमद की सम्भावनाएँ छुपी हो सकती थीं। वे अन्ततः आईं और शाश्वत हरे रंग की तरह, एक कैंसर कोशिका की तरह जिद्दी : उन्होंने अपनी जगह ली भाषा और अवचेतन में।

कीमोथैरेपी के बाद जीवित स्त्री की फीकी मुस्कान की तरह वे प्रत्येक सूर्योदय का हिस्सा हुईं।

गुस्सा

पिता की अन्त-अन्त की छवियाँ गुस्सैल पिता की नहीं हैं, थोड़ा खोए से रहने की हैं। वह अन्तराल धीरे-धीरे लम्बा होता गया जब वे ज़ोर से गुस्साए हों। कभी-कभी गुस्साने के उनके चेहरे की उपमा अब दे पा रहा हूँ कि जैसे तलवार चलने में एक कौंध का बनना और हवा में सोख लिया जाना।

उनका अन्तिम शान्त चेहरा तो जैसे हृदय पर छप गया है।

दाहिने हाथ का अँगूठा

ज़ख़्मी अँगूठा अपने दर्द के बारे में कुछ वाक्य भी मुश्किल से लिख पाता है, क़लम पकड़ने में अँगूठे में टपकता दर्द शब्दों में हेर-फेर कर देता है और पर्यायवाची शब्द मूल शब्दों की जगह ले लेते हैं। हैरत से दाएँ-बाएँ देखते विरामचिह्न शब्दों के बीच अटपटे ढंग से पड़े होते हैं और थोड़ी देर ठहरकर मस्तिष्क कुछ सोचने का बहाना करता है। वास्तव में वह (मस्तिष्क) संचित दर्द का पुनर्गठन करता है, दर्द की तहों को करीने से लगाता है कि टीसते अँगूठे को थोड़ा विश्राम मिले। इसके बाद वह (अँगूठा) संशय के लड़खड़ाते हुए वाक्य, और लड़खड़ाती भाषा में लिखने लगता है, फिर बढ़ता जाता है लड़खड़ाना।

थोड़ी देर में लेकिन अँगूठा भाषा के विरुद्ध हो जाएगा।

स्ट्रगल कर रहे कलाकार का कमरा

किसी दिन मिला देना चाहिए सबको बेतरतीब आपस में फेंट देना चाहिए इन्द्रधनुष को चौहान जी की ऊँघ में, बेढंगे रंगों से पुती दीवारों को दाढ़ी में लग गई चाय में, विस्मय को घड़ी चौक की टनटन में घोल देना चाहिए अश्वशक्ति को हिन्दी प्रोफ़ेसर की सफ़ेद लमढेंग बेलबाटम में, प्रेमनाथ को छाले ठीक करने की दवा ओरसेप में मिला देना चाहिए सवालों, शंकाओं और स्फुट टिप्पणियों को बोदेला साव की जड़ी–बूटी दुकान में।
खाँसते रहो नीले रंग की पट्टी के समान!
बाएँ पैर की चप्पल, चाइनीज सिंथेसाइजर, तीन रंगों के हैट और समाचार पत्र का अधूरा वाक्य।

खुजाओ बेतरतीब!
कमरे में कोई नहीं है रे अफगान स्नो की डिबिया!
माँ शारदे काली कमले!
माँ शारदे काली कमले!

उफ़्फ़
नीला स्लीपिंग बैग।

गुटका वाले घटिया दाँत और पचपन दो सौ दस वाली विविटार लेन्स, आंटी आईए, मैकबेथ की चाल, समुद्र को नाक खोदने की इच्छा में मिला देना चाहिए।

और दरभंगा का नाम आए, तो आदतन बोलिए—
बगटूट!
बगटूट!

नीला छाता

कल सपने में आकर मेरा एक मृत दोस्त मुझे वैकल्पिक आकाश की आवश्यकता समझाता रहा। उसने कपड़ों की अनिवार्य जगहों पर पत्ते बाँध रखे थे और शायद आदम की तरह दिखना चाहता था। मेरे घर में बाइबिल थी बचपन में; मैं यह कहना चाहता था सपने में और इसमें गला रुंधने जैसी कोई बात भी नहीं थी तो भी मैंने नोट किया है कि सपने में मेरा गला अक्सर रुंधा ही रहता है।

सपने में तो मैं दोस्त की लगभग नग्नता के रूपक ही में मारा गया लेकिन वैकल्पिक आकाश का उसका यह विचार अब भी मेरे पास है। पता नहीं क्यों मैं यह मानना ही नहीं चाहता कि इसे धूल, रोशनी और उदासी के बिना नहीं बनाया जा सकता। इसके बारे में सोचते हुए अधिक से अधिक मैं एक बड़े से नीले छाते के बनने में लगने वाले सामानों के बारे में सोच पा रहा हूँ।

बोलो

हम उससे कम चुप्पी वास्तव में अपने लिए चाहते हैं जितने की इच्छा करते हम दिखाई देते हैं। कोलाहल हमें मृत्यु के विचार से दूर रखता है। सच तो ये है कि चुप्पी को न वस्तुओं की ज़रूरत होती है न जन्तुओं की। लम्बा एकान्त पहले हमारे सपनों पर अन्धकार की तरह उतर आता है फिर हमें मदद करता है कि हम अपना चेहरा याद रखने की ज़रूरत ही न समझें।

कई बार बेज़रूरत भी कुछ बोल पड़ना चाहिए, भले ही इससे हमारी छवि थोड़ी बिगड़ती हो।

हँसी

फूलों को सबसे अधिक अभिमान अपनी आकृति में आने वाली आवृत्तियों को लेकर है। हमारी आम समझ के विरुद्ध अपनी गन्ध को तो वे बन्धन समझते हैं और अपने अपमान का स्थायी कारण भी। मनुष्य देह की अनगढ़ता और आवृत्तिहीनता फूलों के हास्यबोध और दर्प को ज़िन्दा रखती आई हैं। पुराने कवियों की यह बात बेशक सही है कि मनुष्यों को देखकर फूल हँस पड़ते हैं, लेकिन उसके कारण दूसरे हैं।

अनुवाद

दरवाज़े के दो पल्ले अलग-अलग रंगों के, दो आदमियों के बीच अपरिचित पसीने की गन्ध और एक आदमी की दो पुतलियाँ अलग-अलग रंगों की। एक तहजीब में परिचय का हाथ आगे बढ़ाते तो दूसरी सभ्यता के अभिवादन से उसे पूरा करते। शराब मेज़ से उठाए जाने से लेकर होंठों तक आने में अपना रंग और असर बदल चुकी होती। उधर से कोई गाली देता तो इधर आते तक ख़त्म हो रहता उसका अम्ल। एक देश के सिपाही का ख़ून बहता तो दूसरे देश के सिपाही के जूते चिपचिपाने लगते। यहाँ जो चुम्बन था वहाँ एक तौलिया। एक आदमी के सीने में तलवार घोंपी जाती तो दूसरे गोलार्द्ध पर चीख़ सुनाई देती, यहाँ का आँसू वहाँ के नमक में घुला होता जो यहाँ के समन्दर से निकला था।

एक कविता जो उस देश की ठण्डी और धुँधली साँझ में शुरू हुई थी दूसरे देश की साफ़ और हवादार शाम पर आकर ख़त्म होती। वहाँ का घुड़सवार यहाँ के घोड़े से उतरेगा। यहाँ की नफरत वहाँ के प्रतिशोध पर ख़त्म होगी लेकिन लाल ही होगा ख़ून का रंग। जहाँ प्यार था वहाँ प्यार ही होगा जहाँ स्पन्दन था वहीं पर स्पन्दन, केवल देखने की जगहें बदल जातीं।

अनुवादक दो संस्कृतियों के गुस्से की मीनारों पर तनी रस्सी पर बदहवास दौड़ता रहता, कभी रुककर साधता सन्तुलन, पूरा सन्तोष कहीं नहीं था।

उन दिनों–१

अक्सर लगता कि कोई दरवाज़ा खटखटा रहा है, कोई दे रहा है आवाज़, देर से बज रही है फ़ोन की घण्टी, बाहर बारिश हो रही है। फ़ोन के मूर्ख चेहरे को घूरना छोड़ कर बाहर आते तो दिखाई देता उड़ता दूर जाता पॉलीथीन का गुलाबी थैला। पता नहीं वे कौन से दिन थे और कौन सा मौसम एक ज़िन्दा ख़बर के लिए अख़बार उठाते तो नीचे से निकल कर एक तिलचट्टा भाग कर छुप जाता अँधेरे में।

सुनाई नहीं देता था कोई भी संगीत कोई चिट्ठी हमारी चिट्ठी नहीं थी, किसी को नहीं करना था अभिवादन, कोई शिकायत नहीं थी सड़क की कीचड़ से या गड्ढे से।

रात आती तो देर तक ठहरती कमरे में और आँख में। सारे मज़ाक़ ख़त्म हो चुके थे अपने अधबीच, कोई चिड़िया आ जाती भूल से तो रुकी रहती जैसे दे रही हो सान्त्वना फिर ऊबकर वह भी चली जाती शाम के भीतर।

पेशाब करते हुए सामने के धुँधले आईने में जितना दिखाई देता चेहरा, उसे देखते और हँस देते अकेले।

उन दिनों–२

बातों की सड़क से उतरकर ख्यालों की पगडण्डियाँ पकड़ लेते फिर सड़क को भूल जाते और चौंक कर कहीं मिलते कि बात क्या हो रही थी तो वह ख्यालों का ही चौराहा होता। जैसे एक गूँज से बनी सुरंग में अभिमन्त्रित घूमते रहते और बाहर की कम ही आवाज़ें वहाँ पहुँच पातीं, कभी कोई आवाज़ आकर चौंका देती तो वह भी गूँज के ही आवर्त में अस्त हो जाता—आवाज़ नहीं चौंक उठना।

उन दिनों बहुत कम बाहर आना होता था अपने डूबने की जगह से। धूप की तरह आगे–आगे सरकती जाती थी मौत, प्रायः वह खिन्न दिखाई देती। चाँद नीचे झाँकता भी तो फिर घबराकर अपनी राह पकड़ लेता, फूल उदास रहते। खिड़की कोई बन्द दिखाई देती तो चाहते खड़े होकर उसे देखते रहते देर तक, जब तक शाम उतर न आए।

डूबने से बाहर आते तो बाहर का एक अनुवाद चाहिए होता इस बीच लोगों के मरने और विवाह करने की ख़बरें होतीं।

बाहर

...फिर क्या होता है कि तुम प्रतीक्षा के भ्रामक विचार से धीरे-धीरे दूर होते जाते हो। यह दूर जाना इतने धीमे तुम्हारे अवचेतन में घटित होता है कि दाँतों के क्षरण और त्वचा के ह्रास की तरह इसका पता ही नहीं चलता। किसी एक रोज़ थोड़ा दूर हटकर तुम सन्देह करते हो कि वाकई तुम्हें प्रतीक्षा थी भी या नहीं। फिर होता यह है कि तुम प्रेम की घटना और अन्ततः प्रेम के विचार से ही एक उपहासात्मक दूरी बनाना चाहते हो अपने वीतराग में इस तरह कि कोई प्रेम नहीं था, प्रतीक्षा भी नहीं।

यहाँ ज़रा रुककर इस सुन्दर सन्तुलन को देखें कि ये तुम्हारे विचार नहीं थे, एक पुकार थी तुम्हारी ओर से अपने आप को यातना देती हुई कि प्रेम तुम्हें पुकारता हूँ इस तरह कि आज कह रहा हूँ कि तुम नहीं थे। धूल भरे मैदानों की दूरियों में अस्त होती तुम्हारी इस पुकार की कोई उदास प्रतिध्वनि गूँजती भी हो तो तुम्हारी आत्मा के एकान्त में ही सुनाई देगी वह प्रतिध्वनि।

तुम्हारी इच्छा से बाहर थी तुम्हारी प्रतीक्षा। तुम्हारी प्रतीक्षा से बाहर तुम्हारा प्रेम।

पानी

कीचड़ बारिश थकान की अनगिनत रातों और ख़ून के बीच हम एक दूसरे को एक रात देना चाहते थे। इससे पहले कि कोई ऊब हमें मार डाले या एक विचारहीन गोली हमारी खोपड़ी को छेदती निकल जाए। कीचड़ हमें चबा रहा था और बीच-बीच में छोड़ देता तब अँधेरा हमें भूनने लगता। वह भूल जाता तो बारिश हमारी नग्नता पर छड़ियाँ फटकारने लगती। थकन तो थी ही : वह जैसे साँस थी, साँस में घरघराहट की आवाज़।

लो यह मेरी देह कहता हुआ पुरुष कहने लगता और लो अंधकार,
और रुदन,
असामर्थ्य लो : उसका अर्घ्य लो,
लो पूर्वजों का अहंकार।
स्त्री देना चाहती थी अपने दुःख, अपनी देह, अपने अंधकार। चुप
रहती। वह आशा के शब्द
माँगती माँग लेती चोट, धरती बने रहने से उबी हुई वह सूर्योदय होने
पर किधर भी जा
सकती थी निर्भय।
निर्धन दोनों हम लोग इतने कि पूछने भर पानी भी नहीं आसपास कि पूछें
—पानी पियोगी ?
पियोगे पानी ?

शोक–१

शोकसभा समाप्त हो चुकी
लोग धीरे–धीरे अपने घर लौट रहे हैं

पुराने पुस्तकालय में
जहाँ कुर्सियाँ और मेज़ें खिसकाकर जगह बनाई गई थी
अब भी ठहरा हुआ है शोक : किताबों के बीच में
आलमारियों के नीचे और
धूलभरी दराजों में उसने अपनी जगह बना ली है जहाँ
पुराने मृतकों के लिए, पुराने नागरिकों के पुराने शोक उन्हें जगह देते हैं

जैसे पुरानी धूल जगह देती है नई धूल को
पुरानी सीलन नई नमियों को
और
पुरानी कृत्रिमताएँ नई भाषा को।

मृतात्माओं के लिए कभी कम नहीं पड़ता आकाश
ऐसा ही है मनुष्य का हृदय
अगर वह अब तक दुःख सहता आया है
तो मेरा ख़याल है वह आने वाले दुखों को भी धारण करेगा।

शोक–२

थोड़ी मृत्यु पहले पहुँच जाती है घर
थोड़ा दुःख पहले पहुँच जाता है

मनुष्य लौटते हैं शोकसभाओं से
और एक बदले हुए घर में प्रवेश करते हैं

नीली आँखों से बाहर घूरती बैठी मिलेगी मृत्यु अगर रेफ्रीजरेटर खोलोगे

स्नानागार में एक मृत तौलिया, एक मृत सिगरेट डिब्बी में
और एक मरा हुआ टेलीविजन बैठक में

पुरुष इसीलिए जल्दी बूढ़े होते हैं
कि वे रुदन को टालते हैं
और देश–दुनिया के समाचार सुनते हैं

पहचान

किसी मोड़ पर आकर अचानक
सम्मुख खड़ा हो जाता है परिचय : संशय सिर उठाता है :
पहचाना मुझको ?
मुझे चिढ़ है सम्पूर्ण विश्वास की इस मुस्कान से
जहाँ पुराने मुस्कान का वैभव जैसे दरक रहा है
ऐसे ही धूल के पीछे से देखती आँखें और आयु–जर्जरता।

कहाँ रखे हुए थी इस पुरुष को ?
मैं अपनी देह से, मन से, यत्न से यह पूछती हूँ
भीतर टटोलती हूँ कोई अप्रचलित सिक्का, कोई
धातुई स्पर्श, कोई पंख, कोई शाम डूबा तारा

एक निर्जन पुकारता है अपनी खोह से—
एक तारा टिमटिमाता है स्मरण के आकाश में

अब तो प्रतिउत्तर का वह वाक्य
याद भी नहीं।

बर्फ़घर

बर्फ़घर में पुराने नौकर थे
और अँधेरे का बुरादा फैला हुआ बेतरतीब
बहुत दिनों के बाद मैंने लकड़ी का बुरादा देखा
और बुरादे की सिगड़ी जलाती माँ का अक्स कहीं रौशन हुआ।

बर्फ़घर से मेरा परिचय
एक जवान मौत ने कराया
नौजवान को उन लोगों का इन्तज़ार करना था
जो उसकी मौत की जद में थे।

"जो चीज़ें थोड़े महीनों की मौत चुनती हैं, पुराने नौकर ने कहा—
वे चुपचाप यहाँ आकर सो रहती है : जैसे आलू"
और फिर चुपचाप सिल्लियाँ फिसलाने का खेल खेलने लगा।

उस मुश्किल बिस्तर पर सुलाते उस नौजवान को
हमने जैसे अपने आप से कहा—
एक ही रात की तो बात है...
सुबह जल्दी ही पहुँच जाएँगे लोग...

फिर रूलाई को यूँ छुपाया
कि अगरबत्ती कहाँ है,
कहाँ है माचिस ?

सामाजिक

एक पागल का ठिठकना
सूर्य की ओर इंगित करना
और स्वगत कथन के साथ
तेज़ क़दमों से एक ओर चल पड़ना भी
उतना ही निश्चित है
जितना मेरा सड़क पार करना
और अपनी भाषा में हाफ चाय माँगना।

हम दोनों मनुष्यों की
सभ्यता पुस्तकें भिन्न हैं
भिन्न है हमारी नागरिकताएँ

समय के इस टुकड़े के भीतर
उसके संकेतों के व्याख्याकार
बस कम हुए हैं।

लौटने के सन्दर्भ में

जहाँ कविता के बीच
किसी हिस्से के बगल में खींच दी थी
एक छोटी सी याद रखने की लकीर
और एक छोटा सा निशान वहीं पर

लौटने पर कई बार
कई बार उस जगह
कुछ भी महसूस नहीं होता

कई बार तुरन्त कौंध जाता है भीतर एक रिश्ता
जो उस पहली बार इसी जगह पर
कविता में मिला था।

इसमें हर बार एक उजाला ही भीतर नहीं फैलता
कई बार गाढ़ी उदासी भी फैल जाती है।

शू तिंग

बड़े कान का भाग्य लेकर पैदा हुआ था
जब एक नौका में बदला तो
दोनों कान हो गए बादबान

जाड़े की किसी टोपी में समाता नहीं सौभाग्य
ठण्डी हवा घुमा देती है मेरी नाव मनमानी दिशा में
चूँकी मैं ही होता हूँ नाविक इस कोहरे के समुद्र का
वापस खूँटे से बाँध देता हूँ अपनी नौका

गर्मियों में गर्म धूल और बरसात में तड़तड़ाती बारिश
इसे चिथड़ा कर देने पर आमादा

पुश्तैनी घर ही मेरा बन्दरगाह
लोहे की लंगर का एक सिरा पैर में बाँधकर बैठा हूँ पैंसठ साल से।

यात्रा के संस्मरण
और गिलास की शराब ख़त्म हुए अरसा हुआ

काहे का बड़ा कान?
काहे का सौभाग्य?

---

* हमारे क्षेत्र में बड़े कान को सौभाग्य का चिह्न मानते हैं।

लोहा और समुद्र

समुद्र अपनी शवपेटिका से निकाल कर
एक मृत जहाज हमारी पृथ्वी के लिए दे रहा है
उसमें अस्थियों का संयोजन तक जस का तस सुरक्षित है
सुरक्षित हैं संगीत और यौनिकता की गुत्थियाँ

सत्ताईस युवा पुराविदों की रुचियाँ
इसी धात्विक ढाँचे में आकर पहले से विन्यस्त हो चुकीं :
आगे वे नियति की तरह प्रकट होंगी।

आख़िरी संघर्ष करने वाले कैप्टन
या किसी प्रेमी की अन्तिम पुकारें लेकर आने को
इसे पुकार रहा है प्राचीन बन्दरगाह

कुछ लोगों की नींद इतनी लम्बी हो गई थी
कि इस समकालीन दिन के मध्याह्न में भी नहीं खुलने वाली
यह नींद ही उस जहाज में सुरक्षित बची चीज़ है
कैसे वह मोटे साँकलों, घिरनियों और अश्वशक्तियों के खींचे
पृथ्वी पर आई और अक्षुण्ण रही

थरथराता, प्राचीन आवाज़ में कुछ कहता
बँधकर ऊपर आ रहा है इतिहास

यह विशाल संरचना पुराने ज्ञान में कितने वाक्य जोड़ेगी ?

कुछ भी

गहरी उदासी का फल या एक फूल सबसे उदास मौसम का
जिसके रंग और स्वाद और गन्ध और संसार में उसकी
जगह के बारे में पारम्परिक अनुमान निष्फल हो सकते हैं

एक मनुष्यहीन मरुस्थल के बीच में
जहाँ रास्ता भूले काफिलों के जानवरों की हड्डियाँ
दूर से स्मारक की तरह चमकती हैं

वह एक सुर्ख और चमकदार शै हो सकती है
आकर्षित करती हुई नक्षत्रों को

अवधारणाओं को मुँह चिढ़ाती निष्पत्तियाँ
जैसे प्रेमगीत गाने वाले बंजारे के मुँह में राख
और सौदेबाजी के मैथुन में जन्मे बालक का बुद्धत्व
कौन सोचना चाहता है संगति के बारे में
जब पागल कुत्ते संगीत रचना कर रहे हों
शान्त आदमी के शयनकक्ष में

थोड़ी ही दूर पर है पत्तियों से ढका हुआ
अँधेरे जल का जलाशय

डूब जाओ!

शब्दश:

इस वाक्य में हरेक शब्द पर सीढ़ियाँ हैं
सरोवर और उसके भी अतल तक जातीं

बहुत नीचे है अर्थ और संवेदना का लोहित जल
वहाँ से घट भरने की आवाज़ें आ रही हैं

भिन्न है हर शब्द का (अ) तल

मेरा आत्म उन जल ध्वनियों और इस सम्मुख शब्द के बीच
अर्थ निर्धारण की प्रक्रिया में, रस्सियों के बीच, तन्तु सा बाँट दिया गया है

रस्सियों का यह प्राचीन पुल अब भी विश्वसनीय है यात्रिओं!

अर्थाकांक्षी इन्हें विश्वास से पकड़कर अर्थ पा लेते हैं
ध्वनि विज्ञानी मूलध्वनियाँ और
शब्दाकांक्षी पा लेते हैं लिपियों में लिखे शब्द

मैं इस वाक्य को यात्रावृत्तान्त की तरह भी पढ़ सकता हूँ!

इस समय

उत्सव समाप्त हो गए हैं
गगन भेद कर आवाज़ें लौट चुकी हैं धूल में
एक मासूम प्रश्नाकुलता हमारे बीच सरकाई जा रही है

यह कठोर प्रश्नों में बदलेगी और
फिर उत्तर से निरपेक्ष हो जाएगी
कुछ नहीं सुनेगी

तयशुदा दस्तावेज़ उत्तर मान लिए जाएँगे
और प्रस्तुत होने से पहले ही कहीं
घटित हो चुका होगा न्याय

आख्यानों के बगूलों से धुँधला हो जाएगा आकाश
और धूल इतिहास और सपनों को ढक लेगी
सभी चीज़ें भूरी दिखाई देंगी धूल में डूबी
सिर्फ़ जूते और बेल्ट,
पीतल के बटन और तमगे चमकते दिखाई देंगे : कोई आँख नहीं

इन्द्रधनुष और वर्षा और हरितिमा के गान ?
सुर ऊँचा होते ही फटने लगेगी आवाज़।

कारण

जीवन को यहीं छोड़कर
थोड़ी दूर अन्तरिक्ष में भारहीन जाने के समान
समय में सन्दर्भहीन जाने के लिए
अपर्याप्त होती थी कला

परिप्रेक्ष्य पहले से मौजूद होते थे तब घटना होती थी,
एक शब्द कहते ही उपस्थित हो जाता था उसका संसार

जैसे स्विच दबाने से फैलते
बल्ब के इस पीले प्रकाश के लिए
पश्चिम दिशा को प्रणाम करने का
कारण प्रतिदिन का सूर्यास्त था

और यह कारण प्रतिदिन के सूर्य के साथ डूबता नहीं था।

उदाहरण

पहले मैंने उसके ऊपर से रात को हटाया
थोड़ा अँधेरा फिर भी रुका रहा मुश्किल जगहों पर
उसके बाद आती थी उसकी उदासी
वह एक शुष्क और ठण्डी त्वचा थी
सिहरनों से अनभिज्ञ, मृत उनकी आकांक्षाएँ

इस देह को जानने से पहले
बहुत सारी कथाओं के सरोवर की सीढ़ियाँ उतरनी थीं
एक समानान्तर इतिहास में घोड़ों की टापें गिननी थीं
सुनने थे तरह-तरह के आर्तनाद।

अभी बाक़ी बची हैं जो चीज़ें अपने स्त्री होने के बावजूद
उन्हें जानना था मसलन एक स्त्री पृथ्वी की देह पर बहती
एक स्त्री नदी को जानना था।

एक गुस्से की इबारत पढ़नी थी
एक चुप्पी को जानना था

होली

वहाँ मनुष्यों के धड़ खड़े थे
किसी ने रंग से उनके चेहरे बनाए, बाल
हरे गुलाल से,
कुछ पड़ जाने के मले जाने से बेतरह लाल बनाई आँखें,
आवाज़ बनाईं एक फोहश गाली से।

कोई होली नहीं खेलना चाहता था
सब चाहते थे खेलना होली

वहाँ कुछ सिर लटकते थे हवा में

एक शराबी आलिंगन ने उनके लिए
धड़-यौनिकता और लड़खड़ाहटें बनाईं,
लड़खड़ाहटों से टाँगें और आलिंगनों से उत्तेजनाएँ बनाईं

आगे के एक बरस के लिए
इस तरह यह तैयार हुई देह

कल रात ही उसको राख होता देखा था सम्मत में
जर्जर देह पिछले साल की।

बुझे हुए सब तारे

अपने होने में जो सितारे
कब का बुझ चुके
उनकी रोशनी में जो टिमटिम है
वह रास्तों के मोड़ों की है

यहाँ प्रेमीजन जो सितारे
अपनी प्रेमिकाओं की नज़र कर रहे हैं
हो सकता है ये वही सितारे हों
जो हैं ही नहीं

प्रेमिकाओं की चमकती आँखों के
सितारा उपमान तभी बुझ चुके हों
जब पहले मनुष्य सीख रहे थे प्यार करना
मरते सितारों की चीख़ सुनने की उनको फ़ुर्सत नहीं थी
तो यहाँ धरती पर मरना भी कोई चीज़ नहीं थी

धरती के भीतर और बाहर
जितना बाक़ी हैं
बहुत पहले मर चुके पूर्वजों की हड्डियाँ
उनके बनाए चित्र और पत्थर के हथियार

राह बताने के ये सितारे हैं
जो बुझे नहीं हैं।

दरख़्त

यह रात है
और पतझर की नींद में भी
हवा में घूमकर नीचे गिरते पत्ते हैं

यह वृक्ष का सपना नहीं है
उसकी नींद के पत्ते भी गिर रहे हैं अँधेरे में
इस तरह अँधेरे में कि अँधेरे का हिस्सा हैं
पत्ते की शक्ल का एक अँधेरा
बाहर के अँधेरे के भीतर गिर रहा है

अँधेरा कोई वृक्ष है
तो उसके भी पत्ते गिर रहे हैं रात में

रात ख़ुद एक दरख़्त है।

हमारे कवि

क्या कर रहे हैं
क्या उन्होंने लिख लिया यह अँधेरा
जो हमारे भी बीच फैला है।

उन्होंने आँखें ढाँप तो नहीं ली थीं हाथ से
जब आया था प्रकाश।

वे लिख पाए क्या धूप से भी सुन्दर हँसी
जो फैली हुई थी आकाश पर, उस समय वे
धरती की भीतरी तहों को तो नहीं सोचते थे।

क्या वे लिख पाए दुःख
जो अब भी आन्तरिक से अधिक बाह्य बचे हुए हैं चारों ओर
ठोस शारीरिक दुःख जो छूकर
देखने की ज़द में हैं—जैसे अपने ही माथे का खुला घाव।

अभी इस वक़्त जब
हौले-हौले हिल रही है रात

कवि क्या कर रहे हैं।

सुखान्त

सुखान्त सूखे हुए आँसुओं
और अनगिन दु:ख के बाद आया

ठोकरें खाती रही स्त्री, उसने अपमान सहे

यह छोटी नौकरी न लग जाती तो
आत्महत्या करने ही वाला था सहनायक

नायक भाग दो में अपनी कथा कहेगा।

पहले सन्देह आया
फिर दु:ख फिर गहरा शोक आया
तब तक दम साधे
झाड़ियों में
छुपा रहा सुखान्त

उसे अन्तिम गोली,
संयोग
और ईश्वर की मदद हासिल है

तो अन्त में ऐसे आया सुखान्त
आने की ताक में था जैसे : घुसपैठिया।

काष्ठशिल्प

काष्ठशिल्प का चेहरा ऐसी हँसी हँस रहा है
जैसा सिर्फ़ आदिवासी हँस सकते हैं,
जितने समय से यहाँ यह हँसी रखी हुई है
उतनी देर लगातार केवल आदिवासी हँसते रह सकते हैं।

दोपहर की एक धूप ने
इसे अपना घर बना लिया है
एक धूप भी हँसती रहती है
हँसते हुए इस चेहरे पर
लेकिन यहाँ हँसी की दो तहें नहीं हैं
कि चेहरे की हँसी,
कि धूप की हँसी

इस तरह दोनों एक हैं
कि किसी अँधेरी रात इधर आओ
यहाँ, नज़दीक इस जगह के
जहाँ एक समय से रखा हुआ है—
पण्डित राम का काष्ठशिल्प,
घुप्प अँधेरे में भी—

हँसता मिलेगा धूप सा चेहरा।

---

* पण्डित राम हमारे सरगुजा ज़िले के अप्रतिम शिल्पी हैं।

नसीहत

वसीयत चुपचाप लिखनी चाहिए
और लिखकर भूल जाना चाहिए।

ज़हरीली हवा और राख से ढके
इस संसार में क्या है छोड़कर जाने के लिए

किसी बोझिल दिन के उदास विवरणों को
डायरी में दर्ज करने जैसा
सबसे छोटी पर्ची में, सबसे साधारण अक्षरों में लिखना,
और लिखकर भूल जाना (चाहिए)।

गीत लिखना चाहिए गुनगुनाते हुए
एक हारी हुई लड़ाई की टेक पर
लौट आए सबसे पुराना छन्द
व्यर्थ के तुकान्त के लिए भी एक सहृदयता मिले
इतना मुस्कुराते हुए सुनाना चाहिए गीत,
छन्द–भंग पर हो गया था हृदयाघात
इस किंवदन्ती पर विश्वास करते हुए
गीत लिखना चाहिए।

कथा लिखनी चाहिए ऐसे कि
पंक्तियों के बीच रिसते ख़ून से

चिपचिपा जाए उँगली पृष्ठ पलटते

न हो भले ही कथा का शीर्षक—'रक्तपात'!

गाँठ खोलो

मनुष्यों के कोलाहल से भरे
इस जलसाघर में
आकुलता से कोई परिचित ढूँढ़ते
हम दो ही हैं : विश्वास करो।

देखना कैसे बदल जाएगा
शुभ प्रसंग का यह सबसे पुरातन दृश्य,
अपरिचय की गाँठ खोलो
और कुछ झिझकने के शब्द बोलो।

आँचल की गाँठ खोलकर कैसे
तीन रहस्यमय लौंग
निकालकर दिए थे इसी आषाढ़ के मास में
याद करो,
विस्मरण की गाँठ खोलो और किसी
बहुत पुराने परिचित का हाल पूछने में
बहाने के शब्द बोलो।

हाल नहीं बताकर जो फिर से माँग बैठूँ
वैसा ही एक लौंग
तो नाक की लौंग छूकर
अपने पुरातन जादू से

मिटा दो सब पुराने छन्द, पुराने चिह्न

और नए शब्द बोलो।

अपरिचय की गाँठ खोलो।

तीन का महत्त्व

तीन चीज़ों से मैंने जीने की तालीम ली
तीन चीज़ों से सीखे आँसुओं के सबक
तीन से हँसने का सलीका

मुझे हमेशा से मालूम था तीन आसमानों के बारे में और
सबसे ऊपरी अर्श पर सोते थे—
तीन अफ़सानों के सिलसिले : हमख़्वाब।

तीन ख़्वाब, तीन ताबीरें, बताने वाले तीन नजूमी।

तीन तलवारों की चमक में
कटती जाती नींद की चादर।

तीन कुओं का पानी लाओ
तीन सवालों के जवाब
तीन परबत, तीन नदियाँ पार करने को।

एक ही पुरुष से प्यार करने वाली तीन बहनें
गोया तीन जादूगरनियाँ
उनके तीन तोते एक साथ बोलने वाले कि—

आ गया! आ गया!! आ गया!!!

बेमौसम फूट पड़ती नकसीर
तो तीन गुस्सैल पूर्वजों के नाम पर
तीन लोटा जल पृथ्वी के सबसे पुराने कुएँ में और
कभी ठोकर से फूट गया दाहिने पैर का अँगूठा
तो स्त्री का तीन बार फूँकना और आँचल से पोंछ देना ख़ून।

तीन ही रस्सियों से धरती पर बाँध लाऊँगा सूर्य—बोला दोस्त
और तीसरे ही दिन फाँसी लगा ली
तो हवलदार के तीन फीते में
देखते रहे सूर्यास्त।

स्वीकार

कहने में लज्जा बिलकुल भी नहीं है
कि इस जगह नया हूँ
तभी तो विस्मित होकर देखता रह जाता हूँ
घास, सूखी लकड़ी की दरार और कोई
सरल सा अबोध परिचय।

नया हूँ अनन्त सूर्यास्त देख चुकी वसुधा की
इस गोधूलि में,
कहाँ मिलेगी रात की नींद भर शरण
असंख्य किवाड़ों में से किसी एक पर दस्तक देने
और अनगिनत देगचियों में खदबदा रहे भात में से
दो मुट्ठी हिस्सा पाने के लिहाज़ से
नया हूँ इस जगह पर।

यह सब कुछ भी नहीं था यहाँ!
एक पुराना निवासी कहता था आज मध्याह्न
कहता था और उदास देखने लगता था दूर,
दूर इस समय के पीछे जहाँ
वाकई कुछ नहीं था यह सब।

जल के लिए पुराना हूँ तो क्या?
इस नई नदी से तो नया ही साक्षात्कार था ना!

चुपचाप से उसके नज़दीक जाकर कहा—
नया हूँ तुम्हारे नज़दीक नदी, प्यास पुरानी है और
भर-देह नहाने की यह इच्छा भी।

इतना नया हूँ भरे हुए इस हाट में
कोई पीछे से नहीं देने वाला कन्धे पर दस्तक कि कहाँ?
अनजानी आवाज़ों और भीड़ के संस्पर्श से अचकचाता
भूल गया हूँ क्या ख़रीदने आया था सौदा क्या लगाने दाँव पर।

खेल तमाशे, जंगली फल, रिबन और
स्त्रियों की वासना जगाती तीख़ी गन्ध के बीच
तीतर, मुर्गे और लोहे के आदिम औज़ारों की
भूलभुलैया में लड़खड़ाता
किसी गीत में जोड़ नहीं पा रहा आगे के शब्द

कभी लगता कि पलक झपकते बदल जाएगा दृश्य
और किसी आश्वस्ति की गोद में गाड़ लूँगा—
अपना मुख म्लान!

अभी तो न्याय की गुस्सैल निग़ाह
और जीभ काटने की धारदार छुरी
सबके लिए नया हूँ।

स्वीकार करने में लज्जा नहीं है।

तीन हरारतें

तीन हरारतों और तेरह
कुनैन सल्फेट गोलियों की कड़वाहटें जीभ पर

फिर वही स्टीमर का घटिया दृश्य

मैं मजबूरी में एक निस्बत खोज निकालता हूँ—

हरारतों के रंग का नीला, सफ़ेद और लाल
स्टीमर के रंग का लाल, नीला और सफ़ेद

उधर पुरानी बन्दूकों से
सीले हुए कारतूस फोड़ने के
मुश्किल दृश्य के बीच
एक हास्य अभिनेता को जगह देने के लिए
निर्देशक की नाक रगड़ी जा रही है

मैं बुखार में ऐसे ही पिघल जाया करता हूँ
फ़र्श पर और चारखानेदार
लाइनोलियम दरी में मिल जाता हूँ,
दोपहरों में, मैं जानता हूँ कितने बजे भौंकता है थापा का कुत्ता
कितने बजे ब्रेड की टें
कितने बजे घड़ी और शतरंज की ऊँटगोटी के जटिल सम्बन्धों पर
परिचर्चा।

तीन हरारतें जीभ पर
क
ड़
वा
ह
ट

का स्वाद।

रंगी हुई दीवार के बेढंगे रंग से पीठ टिकाए दीवारघड़ी
अपने पल टपकाती है फ़र्श पर, किसी दिन
मक्खी में बदल जाएगी तब देखूँगा इसका वीतराग।

गले में सेकेंड सुई की तरह बज रही थी प्यास।

अन्त की ओर से

कथा में पीछे से प्रवेश करना,
पिछले दरवाज़े से,
अन्त की ओर से।

हत्यारा पकड़ा जा चुका,
हो चुकी आत्महत्या,
पुरोहित शुरू कर चुके विवाह के मन्त्र।

प्रेमीगण के अन्तिम रूप से बिछुड़ने से ठीक पहले
एक कार जलती गिर रही है खाई में

षड्यन्त्रों और आँसुओं में भीगी फुसफुसाहटें : भीतर के पृष्ठों पर।

घर छोड़कर निकल गया है नौजवान,
अन्त में चलने वाली गोली का कारण यही
मेज़पोश बनेगा

नौकरानी अपना प्रेमपत्र छुपाती है, बूढ़ा अपने पाप,
नौजवान नशे की आदतें छुपाते हैं
धनी आदमी अपने आँसू छुपाता है।

नीरस प्लेटफॉर्म, बग़ीचे के द्वार,

टेलीफ़ोन की दुकान या कहीं भी
संयोग उन्हें हाँककर लाएगा और समय के धागे पर
एक गाँठ लगा देगा।

यहाँ से ढेर सारी समय सम्भावनाएँ दिखाई देती हैं
उजली सुबह, धुँधली साँझ कोई भी दूसरा समय

कथा वहीं शुरू हुई होगी।

सितारा डूबने दो

एक अलसाए प्यार की कोमलता और गाढ़ी उदासी के बीच
मैंने गिर जाने दी अपनी देह अतल में

यह एक विस्तृत चुम्बन के दबाव की तरह था
या आत्महत्या की आदिम इच्छा की तरह,

समयहीन बहुत देर ऐसे ही आनन्द और अनिर्णय के बीच
आँख मींचे मैंने कहा कि
मैं तैयार हूँ गुस्सैल थपेड़ों में उछाले जाने के लिए
कि जैसे एक सज़ायाफ्ता देह, एक अचेत शरीर
जो किसी समुद्र-कथा का आलम्बन मिलने पर ही
कुछ कह पाए

यूँ ही धूप, मौसम और बदमिज़ाज झाड़ियों से उलझता
घुटने फुड़वाता
मैं डूबता हूँ सूर्यास्त के अन्धकूप में।

अनुकूल

हवाएँ पीठ की ओर से बहती थीं
स्वास्थ्य अनुकूल था कि सरदर्द नहीं था।

कोई चापलूसी व्यर्थ नहीं जाती थी
प्रमेय की तरह सिद्ध होता था हर मुस्कान का प्रयोजन

और तो और
छींकने से पहले हाथ आ जाता था रूमाल

फूटे हुए शीशे में
चमकता दिखाई देता था भाल।

पीछे

ज़्यादा दूर तक नहीं, मुड़कर
मैंने देखा सिर्फ़ आज का दिन

पीछे मैंने देखे हँसने, मजबूर होने
प्यार करने और गुस्सा होने के
छोटे-छोटे टुकड़े

चमकीली जगहें
जो एक लापरवाह धुँधलके में,
एक विवरणहीनता में चमकती थीं

फ़र्क़ नहीं पड़ता, और अगर ठहरकर
दूर, पीछे दूर तक देखने का यत्न करता।

ऐसा ही था जीवन का भूदृश्य
जैसा यह आज का दिन गुजरा था

यह इधर-इधर की आदत है
ऐसे पीछे देखना।

जलती टहनी

यही अयोध्या है जहाँ बैठा हूँ
अपने क़िस्से की आग जलाए

इसी आग से कापालिक अपना खप्पर सुलगाते हैं, ग्रामीण
अपनी बीड़ी और डोम ख़रीदते हैं रोज़ का सौदा :
दो रुपए की आग।

यहीं से फूटती है वनवास की पगडण्डी
गिरती हुई तड़का का कपाल
इसी पत्थर से फूटा था

इसी जगह कट-कट गिरते थे दस-दस शीश
—जुड़ते थे।

यहीं अन्तिम सीख लक्ष्मण को
यही सरयू नदी।

रूपक एक मृत पक्षी विचार है अलबत्ता
सजा हुआ कहीं शीशे की निर्जल आँख लगाए।

ऐसा कहो एक क़िस्सा कि जहाँ बैठे क़िस्सागो
घटनाएँ वहीं आएँ, वहीं आएँ भूमिकाएँ

इसी जगह मृत श्रवण कुमार के लिए सीना पीटते
बैठे थे अन्धा आदमी, औरत अन्धी

जो वृक्ष सूख गए थे उनके विलाप से
उन्हीं में से किसी एक की
टहनी सम्मुख यह जलती है।

वृक्ष देवता

अपने विशाल पंखों से हाँफते
विचरो आकाश के हृदय में

शाम ढले लौट आओ
अँधेरे में खड़े-खड़े रोने के लिए।

कलरव से / वीतराग / रहे आओ।

जल

सबसे ठण्डे चुम्बन में
पथरा चुके हो जल!
कण्ठ में उग आए
काँटों पर
जल तरंग बजाओ।

भले बाहर
बादल राग गाओ।

प्रिया मैं

तुम्हारे लिए कर्णफूलों का एक जोड़ा छाँट रहा हूँ
ढेर सारे सुन्दर जोड़ों में से

अपने एकान्त को सजाना चाहता हूँ

तुम्हारे सुन्दर पाँवों के लिए मोज़े
ताम्बई नेलपालिश, सुनहला इत्रदान
अपने एकान्त में रंग भरना चाहता हूँ ना!

इस पायल की रुनझुन गूँजती नहीं मेरे प्रदेश में
कुछ है जो आवाज़ों और देखते रहने को सोख लेता है

एक कंघी और घुँघराले बालों के बीच
तुम्हारे आदिम कबीले का चिह्न बनाकर
प्रेमपत्र क्या भेजूँगा : अपने आप में बुदबुदा रहा हूँ।

मुझे ख़ाली शब्दों और चमकदार चीज़ों के बीच
निस्बत खोजने से ज़्यादा आत्मीय कोई चीज़ चाहिए थी
इससे तो अच्छा होता कोई बेवजह
मेरे हृदय को छेद देता।

सुराख़

इसी सुराख़ से समय मेरे कमरे में आता है
रात इसी रास्ते उतरता है अन्धकार
कभी जो अपनी शकल देखनी हो चाँद को
तो फ़र्श पर खुदे
इसी गोल दरपन में देख पाता है

एकबार लेटे-लेटे खिसककर
मैंने उसे ठीक अपने दिल पर ले लिया
अब याद नहीं ठीक से
वो चाँदनी थी, धूप थी, क्या थी

यक़ीन मानिए साहब
हमने चीज़ों के मायने बदल दिए।

कन्हर नदी

यह एक नागरिकता की सीमा रेखा है
बारिश में मटमैली बह रही नदी
पुल के इस ओर से आते देखता हूँ
ढेर सारे लोग, जाते लोग

आने वालों से पुकारकर पूछना चाहता हूँ—
कौन है जो वापस नहीं जाने के लिए
पार कर रहा है यह पुल?

बिना पुल के दिनों में हाथी पर,
पालकी पर और सीने तक के पानी को धकेलते
इधर आए थे पूर्वज।

शाश्वत हथिया पत्थर को याद होंगे पितामह
याद है मेरे गुस्सैल बाबा की?
पुकारकर पूछना चाहता हूँ

कन्हर के उस पार
पूर्वजों के गाँव की एक धुँधली याद, बचपन की
अब भी रखी है भीतर के कमरे में,
हँसते हुए भाई-बहन,

दीवार पर टँगी हुई बन्दूक!

प्रारूप चार

एक बहुत पीछे की जगह से आती पुकार
और एक उदग्र यौनिक आवेग
की दो अवधारणाओं के बीच ही फड़फड़ाती रहूँगी क्या?

तुम हर बार उस गीली सी
खानाबदोश जगह पर अपना गाल रख दोगे,
और विस्मरण मुझको ढाँप लेगा क्या?

इन दीवारों के तुरन्त बाहर है ऊब का आकाश और
पुराने ढंग के वाक्य वहाँ सूखे बादलों की तरह उजाड़ घूम रहे हैं,
उन्हें बिना उम्मीद की आँखें देखती हैं और मुहब्बत में जुदाई
की नज़्म लिखती हैं अपनी कुँवारी छातियों पर

यह तुम्हारा स्वप्नफल मैंने कहा
तुम्हारे उस रोज़ के स्वप्न के लिए
जब तुम मुझसे कुछ पूछना चाहते थे।

यह सांकेतिक सवाल कितना आसान है पूछना तुम्हारे लिए
कि पहले चुम्बन मुरझाते हैं या गुलदस्ते के फूल?

इन्हीं सवालों की सूखी पंखुरियाँ
समेटती रहूँगी क्या?

नवनीता देवसेन*

जब एक बेचैन भाषा
रक्त की तरह दौड़ती हो भीतर
प्यार का वह शब्द कहो

या सिर्फ़ गुलाब कहो
और देखो
कैसे अपने आप सुर्ख हो जाता है आकाश

सिर्फ़ नहीं कह देने भर से
उतर आएगा अंधकार,
एक पंख कहोगे
और उड़ान रच दोगे।

ऐसे ही प्यास के शब्द से बनाओगे रेगिस्तान
बनाओगे बारिश,

दिशाएँ मत लिखो : सिर्फ़ धूल लिखो
आँख लिखते ही आकाश पर रख दोगे प्रकाश,
सबके लिए प्यार की सद्इच्छा लिखने भर
शब्द नहीं है न?
एक चुम्बन लिखो

---

* वरिष्ठ बांग्ला कवयित्री।

संजय साइकल स्टोर्स

लगभग तेरह सौ वर्षों से दो कारीगर
ज़मीन पर उँकडू बैठकर शतरंज खेल रहे हैं

उनकी नींद एक फ़र्श है तो उस पर
शतरंज की गोटियाँ उग आई हैं
ये अमर गोटियाँ हैं,
सुबह मारा गया वज़ीर,
दोपहर में मुस्कुरा रहा है सफ़ेद फ़र्श पर
दूर से तिर्यक चला आ रहा है
बेदर्दी से मारा गया ऊँट

किसी को कोई औलिया सपने में चाल बताते हैं
किसी से बात करते हैं प्यादे और शहंशाह

किसी की कोई चाल सही पड़ नहीं रही
घर वाले दोनों की चालों से हार गए
हारते दोनों हैं, झगड़ते हैं, चाय साथ पीते हैं

सपने में घोड़े की टाप का ढाई घर
किसी सिपाही की मौत पर ख़त्म होता हो
तो यह वही सिपाही है जिसने
साइकल सुधारने में देरी को लेकर
लात से बिखेर दी थी गोटियाँ!

आईना

इस घर में सबसे उदास है बाथरूम का आईना, अपने
आने के पाँचवें ही दिन से उसे बोरियत ने घेरना
शुरू कर दिया था और उसकी आँखें धुँधलाने
लगी थीं।

या वे नींद से भरी थीं, आने वाली सैकड़ों ठण्डी रातों
की अनिद्रा से बोझल?

सुबह के वाहियात चेहरे और
मुँह के चारों ओर फैला झाग और
असम्भव कोण से गरदन घुमाकर दाढ़ी छीलता आदमी उसे
सस्ते साबुन की गन्ध से ज़्यादा नापसन्द है।

आप नहाकर अपना ताज़ा चेहरा
देखने के लिए साफ़ करते हैं आईने पर जमी भाप,
चिढ़कर वह मुँह बिचका देता है (अपने आप)

रक़ीब

एक नाम गड़ता है नींद में
और उँगली ढूँढ़ने लगती है लिबलिबी का ठण्डा लोहा
हम दोनों के ख़ाब गुस्सैल तलवारों की तरह टकराते हैं
और तीन रातों में चिंगारियाँ भर देते हैं

उसकी पीठ किसी से भी मिलती हो
उसका सीना मेरे जैसा नहीं होना चाहिए।

***

रक़ीब तुम्हारे शक के घर में रहता है शाहज़ादे
कहकर तीसरी रानी ने जो ग़ज़ल गुनगुनाई वो यूँ, के
तुम्हारे ख़त में नया इक सलाम किसका था
न था रक़ीब तो आख़िर वो नाम किसका था

फिर मन में लिया आशिक का नाम
और मासूमियत से पूछा—
''सुबह कोई जोर से पुकारता था आपका नाम सीढ़ियों पर ?''

***

पहली फुर्सत में उसका क़त्ल कर देना चाहिए
ऐसी नसीहत देकर

ज़हरों की तफसील फुसफुसाता है ज़हरफरोश
कान के बिलकुल नज़दीक।

सिर्फ़ मेरी बातें सुनकर
जैसा नीला यह कान हुआ है हुज़ूर आपका
ऐसे ही दुश्मन के नाख़ून न हो जाएँ
तो ज़हर की बजाय काँवर पर शहद बेचूँगा : यहीं आपकी गलियों में।

***

रक़ीब सतरों के बीच से बोलता है
वो अक्सर माशूक़ा की आवाज़ में बोलता है
वो एक दोमुँहा साँप है
एक ज़हर आलूदा तीर

मैं उसकी इस चाल से क़त्ल हुआ
कि मुझसे डरकर पीछे हटना
और पीछे हटते
मेरे इश्क के बिलकुल क़रीब पहुँच जाना

मैंने ख़ुद माँगा उससे वो तीर
ख़ुद अपना सीना चाक किया

और बाक़ी क्या था?

***

आधी सदी से बैठा हूँ इन झाड़ियों में
के उसका सर क़लम कर ही के लौटूँगा

मैंने उसे मार डाला है
सभी दरख़्त यही कह रहे हैं
यही फुसफुसा रही थी घास
यही सरगोशियाँ हवा की

कोई न कोई उसे बता देगा
कौन चाहेगा एक क़ातिल को?

***

हम एक ही मौसम की हवाएँ थे
एक ही आग को पीकर अन्धे हुए दो लोग
एक ही बिजली से दागी गई जीभ लेकर
बोसों को भूले हुए दो लोग

हमें धूलभरी हवाओं और काँटेदार झाड़ियों ने चाहा है

अगरचे इसने पहले दे दी जान
जीते जी मर जाऊँगा शिकस्त से।

जाना

एक पुराना समझौता है मृतकों के बीच
शोक के विरुद्ध अपरिचय की मुखमुद्रा

मृतक किसी को नहीं पहचानते
सीने पर पछाड़ खाती स्त्री से लेकर
असमंजस के पिंजरे में बैठे पालतू तोते तक : किसी को नहीं

थोड़ा भुलक्कड़ तो वो पहले से थे
यह वाक्य बहुत सुनाई देने लगा है अन्तिम यात्राओं में

यह अभेद्य भुलक्कड़पन,
यह चुप्पी भी उसी समझौते का पूर्वाभ्यास
जिसके बारे में पहले कह चुके

थोड़ी ढीली बँधी अर्थी
हाँ ना में सर हिलाते जा रहे हैं वीतराग
भजन–निरगुन,
लाई–ब्राह्मण
सिक्का–छुरी,
घृत और नाई
सबके सिर के ऊपर छत्र सा तन जाएँगे धुआँ होकर
फिर एक ओर चल पड़ेंगे अचानक

जैसी उनकी आदत थी बिना बताए
कि उधर पुराने पार्क में कुछ दोस्त प्रतीक्षा कर रहे हैं।

याद दिलाना

मुझे कब बोलना है
मुझसे अधिक तुम याद रखना

अन्तरालों को याद रखना
कहाँ मेरी चुप है
कहाँ धीमी पड़ जाएगी आवाज़

कहाँ रुदन के लिए जगह छोड़नी है,
कहाँ हँसी के लिए, साज़ के लिए

कब आवाज़ साथ छोड़ देगी
कब रूह, कब साथ छोड़ देगा सहगान
कब विफल ही जाएगा रंगमंच
कब आकाश के उस ओर चली जाएगी तान

कभी भूल जाऊँ बीच में

तो मुझे याद दिलाना।

शाम

शाम ही से शुरू होती हैं चीज़ें
कुछ रंग शाम ही के पास हैं

पक्षी स्वर चक्करदार घूमते हैं—
आकाश में, कुछ सितारे आते हैं

घूमते वृक्ष निर्लिप्त खड़े हो जाते हैं
और चुप्पी अपनी लकीरें खींचती है
झींगुरों के सहगान पर

बूढ़ा डॉक्टर पीता है अपने सन्देह
और बीवी की ख़ूबसूरती का जाम
अपनी बन्दूक पर उसका अब भी वही विश्वास है

प्रार्थना घर की घण्टियाँ सुनकर
विश्वास की दिशा में सर झुकाने वाली
अन्तिम बुढ़िया
मोतियाबिन्द की हरी आँखटोपी
लगने के बाद से
भूलने लगी है देवताओं के नाम

बादल उठते हैं शाम के भीतर से

कुछ टूटने की आवाज़ आती है।

गया साल

पहले पूर्वजों का लोप हुआ
फिर पीठ फेरते ही कथाओं में बदलने लगे लोग

इस बीच इतनी मौतें हो चुकीं
इतने बुरे दिन
इतनी उदास रातें
कि बहुत धीमे गुजरा साल

एक ज़ख़्म सूखने का महीना
तीन महीने आँसू सूखने के
दो आत्महत्याओं के महीने
डेढ़ महीना गुमशुदा का पोस्टर चिपकाते
चिपक गया स्टेशन की दीवार पर

क्या कहा जाए बाक़ी बचे दिनों के बारे में

कोई मिलता तो उसका एक अफ़साना ज़रूर होता
फिर उसके जाने में
उसकी पीठ पर पढ़ लेते इतिहास।

२५ दिसम्बर

बच्चियों के गले से निकली भाप
और प्रार्थनाओं से गर्म
चर्च के हृदय में गूँजती है
पल्लीपुरोहित की अटपटी भाषा

फिर प्रार्थनाओं में टुकड़ा-टुकड़ा ऊपर उठता है आकाश
ढेर सारे पखेरू उड़ते हैं सहगान में
वाद्यवृन्द बजाता है साल भर के शोक

गुलाबी रिबन, गुलाबी लिपस्टिक, गुलाबी स्कार्फ
गुलाबी मुस्कान,
गुलाबी फ्रॉक में चक्करदार घूमती है रात

गुलाबी इस रात का रंग है इस साल
पिछले साल गुलाबी इस रात का रंग था
उसके पिछले साल इस रात का रंग था गुलाबी

अब चारों ओर दौड़ रही हैं बच्चियाँ
आस्था की तितलियाँ उड़ती हैं
पन्नियों से सजे
छोटे से आकाश में

पियक्कड़ों का देवता
अपने दाँत चमकाता घूमता है
स्वर्ग में।

३१ दिसम्बर

अन्तिम दिन मृतकों के नाम होना चाहिए
पूरे बरस के लिए एक लम्बी श्रद्धांजलि

उनकी आत्माओं को शान्ति मिले : आमीन
शान्ति मिले उनकी आत्माओं को : आमीन
आत्माओं को शान्ति मिले उनकी : आमीन

एक साँप केंचुल छोड़ रहा है
ठण्डी झाड़ियों में, एक साल केंचुल छोड़ रहा है,
बारहसिंगा रोता है ठण्डी झाड़ियों में

हाथी कभी रास्ता नहीं भूलते : ठण्डी रात में

उसी आदिकालीन रास्ते पर
वे लुढ़काते चले जाएँगे हमारी धरती

पृथ्वी के पैरों में सांकल डालकर
उसे अपने अक्ष पर घुमाते नए देवता
अपने जाम उठाते हैं शान्ति और समृद्धि के नाम।

चुपचाप सिसकते हैं वृक्ष
ओस में अपने आँसू मिला देती है हरियाली

सीटी की तेज़ आवाज़ से पहले
बुझ चुका है उत्सव का संगीत

वमन,
नींद
और जले हुए
बारूद की गन्ध में
बावड़ी की सीढ़ियाँ उतरते

अँधेरे जल में उतर जाएगा साल।